MBA에서
가르쳐주지 않는
비즈니스 인사이트

비즈니스
부트캠프

이상기 지음

BUSINESS
BOOT CAMP

MBA에서 가르쳐주지 않는 비즈니스 인사이트

비즈니스 부트캠프
BUSINESS BOOT CAMP

이상기 지음

리브레토

프롤로그

현장이 최고의 경영학 교실이다.

강산이 네 번 바뀌는 동안 여전히 되풀이되는 이야기가 있다. 구직자들은 마땅한 일자리가 없다고 한숨짓고 기업은 쓸 만한 인재가 없다고 아우성친다. 어디서부터 어긋난 것일까? 문제의 발단을 찾아 거슬러 올라가면 결국 손가락은 대학 교육을 향한다.

신입사원들은 학교에서 배운 것이 별 도움이 안 된다고 입을 삐죽이고 기업은 OJT와 자체 교육 프로그램으로 대놓고 기존 교육을 무시한다. 문제를 풀어야 하는데 어디서부터 시작해야 할지 난감하다.

조직에 몸 담으면서 누구나 역량 있는 실무자, 신뢰받는 리더로 성장하길 원한다. 그 바람은 자연스럽고 성장의 건강한 동기가 된다. 하지만 현실은 생각보다 훨씬 거칠고 복잡하다. 유능한 구성원이 되는 길이 만만치 않다. 그리고 훌륭한 리더로 성장하기는 더 어렵다. 그 여정에는 반드시 거쳐야 할 과정이 있고 쌓아야 할 지식과 익혀야 할 필수적인 경험이 있다.

저자는 글로벌 기업과 로펌에서 CFO, CHRO, CMO, COO, CIO 등 다양한 직무를 수행했다. 리더십과 조직 운영을 실제로 경험한 것은 대학 졸업 후 전방에서 ROTC 장교로 복무할 때가 처음이었다. 그곳에서 자연스럽게 '조직'이라는 유기체를 마주했고 리더십의 본질을 배웠다. 28개월의 장교 생활은 대학 4년보다 더 많은 것을 가르쳐준 나의 첫 번째 '부트캠프'였다. 이후 기업 현장에서 수많은 도전과 좌절, 극복의 순간들이 이어졌다. 그 과정에서 현장의 이슈에 끊임없이 주목했고 현장에서 찾아낸 인사이트들을 하나씩 정리하고 기록하기 시작했다. 그 결과물이 바로 이 책이다.

조직에서의 시간은 보통 세 단계로 나뉜다. 실무자의 시간, 관리자의 시간, 경영자의 시간이다. 각 단계마다 요구되는 역량과 관점은 달라지고 사용하는 언어도 변한다. 이 책은 그 흐름을 따라 실무자가 반드시 익혀야 할 기본기, 팀장이 알아야 할 조직과 리더십, 그리고 신임 임원들에게 필요한 비즈니스 인사이트를 담았다.

하지만 이 책은 특정 직급만을 위한 매뉴얼이 아니다. 조직 안에서 진정한 협업과 이해가 이루어지려면 각자가 맡은 역할뿐만 아니라 서로의 고민과 책임을 이해하는 것이 필요하다. 그래서 실무자든 팀장이든 임원이든 처음부터 끝까지 함께 읽어보길 권한다.

이 책에 담긴 이야기는 필자가 직접 경험했던 사례들과 기업과 대학에서 강의하며 나눈 이야기를 바탕으로 정리한 것이다. 특히 강의실에서는 말하기 어렵지만 조직에서는 가장 절실한 이야기에 더 큰 비중을 두었다.

조직보다 더 현실적인 교육기관은 없다. 조직은 매일 배움의 기회를 제공하고 우리는 그 안에서 훈련되고 성장한다. 그리고 그 경험은 언젠가는 후배들에게 전해주어야 할 소중한 자산이다.

일터는 단순히 생계의 장소가 아니다. 자신을 단련시키고 더 나은 삶으로 나아가기 위한 긴 인생의 생활 터전이다. 시간이 흐른 후 뒤돌아보면 가장 힘들었던 순간조차 의미 있는 기억으로 남을 것이다.

이 책이 여러분의 성장 여정에 작은 길잡이가 되기를 진심으로 바란다.

2025년 봄, 서강 나루터 인근에서
이상기

프롤로그 / 현장이 최고의 경영학 교실이다. 04

• 목차

Chapter 1
새로운 시작, 이 정도는 알고 합시다

01. 캠퍼스에서 기업으로, 축구동아리에서 K-리그로 15
02. 직장인의 정의, 나의 가치를 계산하라 22
03. 기록하면 적응하고 적응하면 생존한다 29
04. 기본부터 배워라, 기초가 탄탄해야 오래 간다 35
05. 똑똑하게 일하자, 워크 스마트를 위한 ABCDE 41
06. 단순하게 말하라, 그래야 전달된다 49
07. 듣기도 기술이다, CARESS로 연습하라 53
08. 두 얼굴의 커뮤니케이션, 병 주고 약 주고 59
09. 위험관리의 첫 걸음, 찜찜하면 오픈하라 68
10. 도를 아십니까? 회계를 아십니까? 73
11. 관계의 힘, 역지사지로 실천하라 80
12. 배달의 전설, '번개'라고 불렸던 현장 전문가 86
13. 승진의 의미, 블록쌓기 게임에서 배운다 92

Chapter 2
강의실 밖 리더십

01. 팔로워십이 먼저다 ⋯⋯⋯⋯⋯⋯⋯⋯⋯⋯⋯⋯⋯⋯⋯⋯⋯⋯ 101
02. 전투병과학교의 슬로건, 거기에 답이 있다 ⋯⋯⋯⋯⋯⋯ 106
03. 팀장 리더십의 핵심, 3C 2S ⋯⋯⋯⋯⋯⋯⋯⋯⋯⋯⋯⋯⋯ 114
04. 팀장 리더십의 정석, 건설현장의 '십장'에게 배운다 ⋯⋯ 122
05. 팀장의 커뮤니케이션, 소통부터 설득과 협상까지 ⋯⋯⋯ 127
06. 조직을 망가뜨리는 지름길, 반대로 행동하라 ⋯⋯⋯⋯⋯ 133
07. 닫아야 할 것과 열어야 할 것, 리더의 덕목을 생각한다 ⋯ 140
08. 팀워크의 활성화, 4D 환경과 팀 역할을 연계하라 ⋯⋯⋯ 145
09. 협력의 힘, 협력을 끌어내야 진짜 리더다 ⋯⋯⋯⋯⋯⋯⋯ 153
10. 동기 3.0, 새로운 패러다임 ⋯⋯⋯⋯⋯⋯⋯⋯⋯⋯⋯⋯⋯ 159
11. 팀원의 네 가지 유형. 충신, 도망자, 용병, 인질 ⋯⋯⋯⋯ 166
12. 관계형 리더, 전략적 기버가 되어라 ⋯⋯⋯⋯⋯⋯⋯⋯⋯ 172
13. 전문 분야를 떠나라, 버려야 더 큰 것을 얻는다 ⋯⋯⋯⋯ 179

Chapter 3
경영을 이야기하다

01. 경영이란 무엇인가? 거상 임상옥에게 배운다 ········· **185**

02. 장군을 왜 제너럴이라고 부를까? ········· **190**

03. CEO의 이해관계자. 고객(C), 직원(E), 주주(O) ········· **197**

04. 분석 범람, 통찰 부족. 숫자 속에서 스토리를 찾아라 ········· **202**

05. 침몰하는 기업의 시그널, 단지 시간의 문제일 뿐이다 ········· **208**

06. 인터넷, 로봇, 인공지능. 디지털 트랜스포메이션 ········· **214**

07. 혁신과 변화관리, 하나만으로는 부족하다 ········· **222**

08. 지속 경영을 위한 경쟁우위, PQS에서 이겨라 ········· **230**

09. 한일관을 찾는 사람들, 지속 경영 이야기 ········· **235**

10. CSR, CSV, ESG. 지속 성장을 도와주는 삼총사 ········· **240**

11. 인사가 만사다? 인사는 만사다 ········· **247**

12. 경영은 서비스다, 친절이 아닌 솔루션을 찾아라 ········· **255**

13. 사람의, 사람에 의한, 사람을 위한 경영 ········· **261**

에필로그 / 이제 당신의 부트캠프가 시작된다 ········· **266**

1부

새로운 시작,
이 정도는 알고 합시다

새로운 곳에서 일을 시작하는 것은 낯선 곳으로 여행을 떠나는 것과 같다. 설렘과 두려움이 공존하는 이 순간, 수많은 선택과 도전이 여러분을 기다리고 있다. 학교를 졸업하고 사회에 첫발을 내딛는 후배들, 또는 새로운 조직에서 다시 시작하는 후배들. 모든 '첫걸음'에는 특별한 의미가 있다. 새로운 환경에서 길을 찾아가고 낯선 문화 속에서 적응하며 자신의 방식으로 자리 잡아가는 과정은 쉽지 않다. 그러나 이 여정을 잘 준비하고 시작한다면 조직 생활은 단순히 일만 하는 것이 아니라 성장과 새로운 배움의 기회가 될 것이다.

40년 이상 기업에서 일하며 깨달은 것은 먼저 개념을 이해하고 기본기를 갖추는 것이 성공의 시작이라는 점이다. 현장에서 경험하고 고민했던 생각을 정리한 글이 여러분의 시작에 도움이 되기를 바란다.

01

캠퍼스에서 기업으로, 축구동아리에서 K-리그로

새로 입사한 신입사원들을 만나면 두 가지 감정이 교차한다. 그들이 가져올 새로운 생각과 젊은 문화에 대한 기대감과 아울러 '그들을 프로로 잘 성장시킬 수 있을까?'라는 걱정이다.

대학에서 학생들을 가르치는 교수님들께는 죄송한 말씀이지만 명문대 출신 신입사원조차 기업의 기대 수준에 못 미치는 경우가 많았다. 좋은 대학을 졸업한 것과 좋은 실무자가 되는 것은 별개의 영역임을 인정한다. 그러나 기업의 인사팀은 좋은 대학을 졸업한 인재들이 더 잘 준비되어 있을 거라고 기대하는 것도 사실이다. 이러한 현실의 간격을 좁히고 신입사원들이 조직에서 프로로 성장할 수 있도록 돕는 것이 리더들의 역할이다.

대학이 회사원을 양성하는 곳이 아니라고 주장하면 더 이상 할 말은 없다. 하지만 졸업생의 대부분이 취업을 목표로 하는 현실을 고려하면 다시 짚어보아야 할 과제다. 실제로 산업 현장을 직접 경험한 교수님은 많지 않다. 더구나 신입사원부터 시작해 실무자로 밑바닥부터 일해 본 교수님은 더욱 드물다. 이런 현실이 기업의 니즈와 대학교육 사이에 간격이 생기는 원인으로 보인다. 결국 기업은 그 간격을 메우기 위해 자체적인 교육 프로그램을 운영한다. 신입사원 교육을 통해 기업 문화와 기본적인 실무를 익히게 하고 현업에 배치시킨 후에는 OJT On the Job Training 라는 이름으로 직무를 가르친다. 즉, 기업은 신입사원을 채용할 때 어느 정도 준비된 인재가 아니라 새로 가르쳐야 할 대상으로 생각하고 있다는 것이다.

지금부터는 실전이다.
조금 과하게 표현하면 이제 진짜 전장에 들어섰다. 학교를 떠나 비즈니스 세계라는 현장에 도착한 것이다. 더 이상 연습이 아닌 실제 전투를 치르는 것이다. 물론 이제 막 졸업한 신입사원이 곧바로 완벽한 실무자가 되기를 기대하는 것은 너무 성급한 바람이다. 하지만 기업은 매일매일 치열한 경쟁이 펼쳐지는 곳이므로 무작정 기다려 줄 여유도 없다. 빨리 적응하고 배워 조직에서 요구하는 역할을 해야 한다. 적어도 자기 밥값은 하기 바라는 것이다. 실무 경험이 많지 않은 후배들에게 구성원의 기본이라고 할 수 있는 내용을 먼저 드린다. 잔소리처럼 들릴 수도 있지만 이 내용은 분명히 이해하고 반드시 실천하라고 조언한다.

1. 어떤 일이든 최선을 다해야 한다.

필자는 장교로 전역한 후 기업에 입사해 경리부에 배치되었다. 그때 내게 주어진 첫 업무는 경리부 서고를 청소하고 서류를 정리하는 일이었다. 순간적으로 자존심이 상했지만 최선을 다해 정리했다. 지나고 보니 그 일은 누군가는 반드시 해야 할 일이었고 그 덕분에 어떤 서류가 어디에 있는지 정확히 파악할 수 있었다. 모든 일에는 의미가 있다. 다만, 우리가 그 의미를 뒤늦게서야 깨닫는 경우가 많을 뿐이다.

2. 공부는 계속되어야 한다.

'무·부·소·강·직'이라는 이상한 표현을 들어본 적 있는가? 이는 성과를 망치는 구성원의 특징을 풍자한 말이다. 즉, 무식하면서 부지런하고 소신 있고 강직하고 게다가 직급까지 높으면 조직에 혼란만 초래할 수 있다는 뜻이다. 아는 것 없이 열심히 일만 하는 직원은 오히려 위험하다고 한다. 업무 지식이 부족하면 차라리 게으른 편이 낫다는 자조적인 말이 나온 이유도 여기에 있다.

3. 정직해야 한다.

소통이든 의사결정이든 정직이 기본이다. 정직하지 않으면 결국 조직에서 도태될 수밖에 없다. 시간의 문제일 뿐 도태는 이미 정해진 결말이다. 최근 많은 기업이 준법감시 기능을 강화하고 내부고발 제도를 보편화하고 있다. 그러나 감시나 제도 때문에 정직해야 한다는 말은 아니다. 정직하게 일하는 것은 조직의 구성원으로서 기본이기 때문이다. 이제 준법 경영을 넘어 윤리경영 시대에서 일하고 있다.

4. 함께 성장할 동료를 찾아라.

서로에게서 배우고 선의의 경쟁을 펼칠 수 있는 동료가 필요하다. 커리어 여정은 마라톤과 같다. 장기 레이스를 완주하려면 서로 끌어주고 밀어줄 경쟁적 동반자가 필요하다. 우리에게는 페이스메이커가 필요하며 동시에 나도 동료를 위해 페이스 메이커 역할을 해주어야 한다. 그래야 수십 년이 걸리는 마라톤 레이스를 더 쉽게 완주할 수 있다.

5. 좋은 멘토를 찾아라.

회사 생활도 경제학에서 설명하는 경기주기처럼 사이클을 그리며 진행된다. 순풍에 돛 단 듯 모든 일이 순조롭게 풀리는 시기가 있는 반면, 어려움을 겪는 시기도 반드시 찾아온다. 이런 어려운 시기를 극복하려면 조언을 구할 훌륭한 멘토가 필요하다. 멘토의 도움 없이 혼자 힘으로 난관을 헤쳐나가기는 결코 쉽지 않다.

6. 능동적으로 경험하라.

인턴 프로그램이든 신입사원 교육 과정이든 학생 신분에서 실무자로 변신하는 과정은 쉽지 않다. 병아리가 알을 깨고 나오듯이 성장과 변화에는 어려움을 극복하는 과정이 반드시 필요하다. 그런 힘든 과정을 경험해야만 실제로 일을 맡을 때 자신감이 생긴다. 이는 군대에서 유격 훈련을 마치고 나면 다음 훈련이 덜 힘들게 느껴지는 원리와 같다. 따라서 힘든 과제나 과정이 주어지면 피하지 말고 능동적으로 도전하길 바란다. "매도 먼저 맞는 게 낫다"라는 속담도 있듯이 언젠가는 해야 할 일이라면 먼저 경험하는 것이 유리하다.

7. 체력을 길러라.

조직 생활은 결국 체력 싸움이다. 체력이 뒷받침되지 않으면 일에 대한 의욕이 떨어지고 집중력도 약해진다. 그리고 조직에서도 체력이 약한 사람에게는 중요한 일을 맡기려고 하지 않는다. 체력이 약한 사람은 스스로 포기하거나 중도에 낙오되기 쉽다. 이것이 냉혹한 현실이다.

기업은 프로구단이고 직원은 프로선수다. 지금까지 아마추어 축구동아리에서 뛰다가 이제 K-리그 프로팀에 입단한 것이다. 더 이상 연습 경기나 친선 경기가 아니다. 매 경기가 실전이고 매 순간이 평가의 대상이다. 이것을 분명히 인식해야만 이기는 게임을 할 수 있다.

✓ Checkmate

기업은 프로구단이며 직원은 그 안에서 경쟁하는 프로선수다. 매 경기가 실전이고 매 순간이 평가의 대상이라는 사실을 인식해야만 이기는 게임을 할 수 있다.

어떤 일이든 최선을 다하고 배움을 멈추지 마라. 항상 정직함을 지키고 함께 성장할 동료와 멘토를 찾아라. 기회를 기다리기보다 능동적으로 경험하며 이러한 과정을 견딜 수 있는 체력도 갖춰야 한다.

02

직장인의 정의,
나의 가치를 계산하라

"이사님, 저는 이제 어떡해야 할까요?"

1997년 말, 한 후배가 떨리는 목소리로 물어왔다.

공식 명칭은 '아시아 금융위기'였지만 당시 회사원들은 'IMF 외환위기'라는 공포의 단어에 떨며 똑같은 고민에 빠져 있었다. 그동안 평생직장으로 여기며 충성을 다해 온 회사가 하루아침에 사라지거나 믿고 의지했던 회사가 자신을 내모는 황당하고 두려운 상황에 부딪힌 것이다. 이 일을 계기로 한국인들은 직장과 직장인에 대해 새로운 질문을 던지기 시작했다.

"직장이란 무엇인가?"
"직장인이란 무엇인가?"

처음 겪는 엄청난 혼란 속에서 직장인들은 새로운 현실을 서서히 받아들이기 시작했고 살아남기 위한 전략을 스스로 고민하기 시작했다.

외환위기 이전의 샐러리맨들은 중세 봉건사회의 기사나 농노와 다르지 않았다. 비유하면 고용주는 영주로, 관리자와 임원은 기사 계급으로 볼 수 있고 실무자는 농노와 유사한 위치에 있었다. 다소 비하적인 느낌이 들 수도 있지만 당시 기업 문화와 구조를 고려하면 나름 적절한 비유일 것이다. 외환위기가 새로운 패러다임을 가져오기 전까지 기사나 농노는 영주에게 충성을 다하고 그의 지시에 따라 일을 수행하면 최소한 생계 걱정은 하지 않았다. 그러나 외환위기라는 거대한 변화를 거치면서 기업들은 파산하거나 대규모 구조조정을 단행했고 결국 많은 기사와 농노들이 성 밖으로 내몰리는 사태에 이르렀다.

월급이란 무엇인가? 월급은 단순히 정해진 날짜에 회사로부터 받는 금전적 보상일까? 일반적인 정의에서 벗어나 그 금액이 의미하는 숨은 뜻을 살펴보자.

'샐러리맨'이라는 단어를 문자 그대로 풀이하면 근로를 제공하고 월급을 받아 생활하는 사람을 의미한다. 여기서 '급여'라는 단어는 라틴어 salarium에서 유래했다. 고대 로마 시대에 군인들은 생필품인 소금을 구입할 보수를 지급받았고 그것이 오늘날의 급여로 발전했다고 한다. 그렇다면 현대적 의미에서 월급이란 무엇일까? 일반적으로 노동을 제공하고 계약에 따라 받는 보수로 이해한다. 틀린 말은 아니지만 이를 조금 다른 관점에서 바라보자.

회계 방법을 따르면 기계장치 같은 고정자산은 매입한 후 정해진 사용 연수에 따라 매년 일정 금액을 비용으로 전환하는 과정을 거친다. 이를 감가상각 depreciation 이라고 한다. 흥미로운 점은 월급도 이와 비슷한 개념으로 해석할 수 있다는 것이다. 즉, 월급은 근로자 개인의 가치를 금액으로 환산한 것으로 볼 수 있다. 기업은 회사의 성과에 많이 기여한 사람, 즉 개인의 가치가 높은 사람에게 높은 연봉을 지급하고 반대로 기여가 적은 사람,

즉 개인의 가치가 낮은 사람에게는 상대적으로 낮은 연봉을 지급한다. 기업의 존재 이유는 영리 추구이며 지속 가능한 경영을 염두에 두는 만큼 이는 당연하고 합리적인 결정일 것이다.

그렇다면 개인의 가치란 무엇인가? 이는 개인이 보유한 지식, 경험, 건강, 열정, 성실성 등이 기업의 부가가치, 즉 이익 창출에 얼마나 기여하는지를 화폐가치로 환산한 개념이라고 이해하면 된다. 따라서 높은 연봉을 계속 받으려면 개인은 자신의 가치를 지속적으로 업그레이드해야 한다. 조금 더 직설적으로 표현하면 자신의 몸값을 계속 올려야 하는 것이다.

그렇다면 개인의 가치를 어떻게 높이고 지속적으로 유지할 수 있을까? 우선 끊임없이 새로운 지식으로 재충전해야 한다. 시대에 맞는 기술과 정보를 습득해야만 기업활동에 가치를 더할 수 있기 때문이다. 이를 바탕으로 다양한 직무 경험을 쌓고 기업 안팎의 이해관계자들과 좋은 관계를 유지해야 한다. 이해관계자들과의 원만한 관계는 기업의 성과 향상에 큰 도움이 되고 나아가 개인의 가치에도 긍정적인 영향을 미친다. 눈앞의 이익에 조급해하지 말고 긴 호흡으로 신뢰를 쌓아가면 어느새 그것이 자신의 가치로 추가되어 있음을 느낄 것이다.

또한, 자신의 건강을 관리해야 한다. 체력이 바닥나면 새로운 아이디어를 내거나 복잡한 문제를 해결하는 것이 어려워지고 일에 대한 집중력도 떨어지기 때문이다. 건강한 신체와 더불어 항상 생각을 젊게 유지하는 것도 중요하다. 물리적 나이보다 사고의 나이age of thinking, 즉 생각의 신선함과 유연성이 더 중요한 요소다.

조직에서 생물학적 나이는 이제 더 이상 중요한 의미를 갖지 않는다. 중요한 것은 바로 그 사람의 '가치 연령'이다. 2025년 현재를 살아가는 우리에게 '가치 연령'은 새롭고 중요한 개념이다. ChatGPT와 같은 새로운 기술이 많은 업무를 대체하려 하고 여러 분야에서 변화가 빠르게 진행되고 있다. 이런 환경에서 우리는 끊임없이 자신의 가치를 증명해야 한다. AI가 리서치를 비롯한 다양한 업무를 수행할 수 있더라도 창의적인 문제 해결과 통찰력에 기반한 판단은 현재까지는 인간이 더 낫다고 생각되기 때문이다.

가치 연령의 개념을 이해하라

이제 우리 자신에게 물어보아야 한다.

"우리 조직을 위해 나는 어떤 가치를 창출하고 있는가?"

주어진 업무를 단순히 잘 수행하는 것만으로는 충분하지 않다. 자신이 조직을 위해 어떤 특별한 성과를 낼 수 있는지 고민해야 할 시점이다. 결국 지속적인 학습과 경험을 통해 만들어진 자신만의 역량으로 조직의 가치를 증대시킬 수 있다면 그것이 곧 개인의 진정한 가치다.

조직의 구성원은 단순히 일하고 월급을 받는 존재가 아니다. 기업의 가치를 창출하는 핵심 구성원이라는 사실을 잊어서는 안 된다.

✓ Checkmate

월급은 개인의 가치를 금액으로 환산한 결과다. 개인의 가치는 기업의 이익 창출에 기여하는 지식, 경험, 건강, 열정, 성실성 등을 화폐가치로 환산한 것이다. 따라서 자신의 가치를 높이고 유지하는 방법을 끊임없이 고민해야 한다.

생물학적 나이보다 더 중요한 것은 바로 '가치 연령'이다. 조직의 구성원은 단순히 일하고 월급을 받는 존재가 아니라 기업의 가치를 만들어내는 핵심 구성원임을 잊지 말아야 한다.

03

기록하면 적응하고
적응하면 생존한다

대학 졸업이 가까워지면 대부분 대학원 진학과 취업 사이에서 고민하게 된다. 필자도 당시는 공부에 큰 흥미를 못 느껴 대학원 진학보다 취업을 선택했다. 하지만 그것이 착각임을 깨닫는 데 긴 시간이 걸리지 않았다. 아이러니하게도 회사 생활의 시작은 곧 새로운 공부의 시작이었다.

입사 후 실제로 일을 맡아보니 업무 지식이 너무 부족한 것을 절감했다. 결국 다시 공부를 시작할 수밖에 없었다. 상황에 따라 기업에서 요구하는 학습량이 박사 과정보다 많을 수도 있다. 다만, 연구실에서 하는 공부와는 내용과 방법이 다를 뿐이다. 한 분야의 전문가로 제대로 일하려면 끊임없는 학습이 필수적이다. 따라서 회사원에게 자기계발은 선택이 아니라 생존을 위한 필수 조건이다.

> 대리로 승진한 지 얼마 안 지나 선배의 추천으로 새로 설립된 외국계 회사 회계팀으로 이직했을 때의 일이다. 출근 첫날부터 예상치 못한 벽에 부딪혔다. 업무를 수행하려면 회계 용어를 영어로 알아야만 했다. 급한 대로 책장에서 잠자고 있던 회계학 교과서를 꺼내 찾아보기 index에 있는 용어를 영어로 외우기 시작했다. 그러면서 업무를 제대로 하려면 먼저 용어에 대한 이해가 필수적이라는 것을 깨달았다. 이후 전표와 장부를 영어로 작성하고 회계 정보를 전달하기 위해 영문 보고서를 만들었고 때로는 직접 영어로 설명해야 하는 상황도 마주했다.
> 입사 후 첫 1년 동안은 사무실 근처 영어학원에서 새벽 수업을 듣고 곧바로 사무실로 달려가야 했다. 외국계 회사로의 이직이 삶의 질을 높여줄 거라는 기대는 헛된 꿈이었다.

> 그러나 절박한 상황에서 하는 공부는 학습곡선 learning curve을 가파르게 만들어주었다. 그때의 회사 생활은 일과 공부가 뒤섞인 상태였다.
>
> 일을 하려면 공부가 필요했고 공부를 해야만 일이 진행되는 고된 시간의 연속이었다. 하지만 되돌아보면 정말 많은 것을 배우고 느꼈던 시기로 기억되고 있다.

경험이 쌓이면서 가장 크게 배운 점은 모든 문제의 발생과 그 해결에는 모두 소통이 자리 잡고 있다는 것이었다. 돌이켜보면 내가 겪은 대부분의 갈등과 실패는 소통 문제에서 비롯되었다. 불확실한 전달이나 잘못된 해석은 시간이 지나면서 더 큰 문제로 확대되곤 했다. 이런 경험을 바탕으로 무엇이든 조금이라도 중요하다고 생각되면 기록하는 습관을 들였다. 마치 기자가 취재 수첩에 기록하듯이 회의 내용, 지시 사항, 핵심 정보를 꼼꼼히 메모했다.

"몽당연필 하나가 IQ 150보다 낫다"라는 말은 결코 과장이 아니니다. 그래서 회의 시간에 그저 듣기만 하는 직원들에게 적자생존 適者生存은 적응해야 산다는 말이 아니라 적어야만 생존할 수 있다며 아재 개그를 날리기도 했다.

어느 날 문득 나 자신에게 "은퇴 후에는 무엇을 할까?"라고 질문했다. 막연한 생각들이 스쳐 지나갔다. 집필, 강의, 자문, 컨설팅 등 다양한 가능성이 떠올랐지만 어느 하나 쉽게 할 수 있는 일은 아니었다. 우선 그동안 기록한 자료를 정리하는 작업부터 시작하기로 했다. 자료가 체계적으로 정리되면 그것을 바탕으로 강의도 하고 집필도 할 계획이다. 지금까지 축적된 암묵적 지식 tacit knowledge을 구조화된 명시적 지식 explicit knowledge으로 전환해 기업의 생존, 성장과 관련된 내용을 후배들이 더 쉽게 체계적으로 학습할 수 있도록 도와주고 싶다.

나이가 들면서 후배들과 경험을 나누다 보면 때때로 내 이야기가 잔소리로 변질되기도 한다. 아마도 후배들이 놓치는 부분이 내 눈에는 더 잘 보이기 때문일 것이다. 그리고 그들이 같은 실수를 반복하지 않기를 바라는 마음에서 비롯된 것이기도 하다. 필자도 어려운 시기를 겪을 때마다 신뢰할 수 있는 동료와 선배를 찾아가 조언을 구했다. 그들이 들려준 경험과 지혜는 힘든 시기를 이겨내는 데 큰 힘이 되었다. 언젠가는 여러분도 누군가의 멘토가 될 것이다. 후배들에게 아낌없이 나누어주기를 바란다. 지혜는 샘물과 같다. 아무리 나누어 주어도 마르지 않기 때문이다.

여러분은 반복되는 업무 속에서 스스로 배움을 만들어가고 있는가? 질문을 던지고 답을 찾아가는 과정이 여러분을 전문가로 성장시켜줄 것이다. 그리고 여러분은 어떤 기록을 남기고 있는가? 회의에서 오고 간 이야기, 상사의 지시 사항, 선배에게서 들은 정보, 후배의 질문, 업무에 필요한 소소한 자료를 어떻게 관리하고 있는가?

적어라. 기록하는 과정에서 어느새 직무에 적응해 가는 자신을 발견할 것이다. 이제 적자생존의 의미를 확장해 보자. 기록하는 습관은 적응하게 도와주고 적응하면 생존하게 된다. 즉, 적어야 생존한다. 이렇게 쌓인 기록들은 회사 생활을 하는 데 큰 자산이 된다. 나 자신뿐만 아니라 후배들에게도 도움이 되는 정보와 지혜의 창고가 될 것이다.

✓ Checkmate

조직 생활에서 자기계발은 선택이 아닌 생존을 위한 필수 조건이다. 생존을 위해서는 생각하고 기록하는 습관이 필요하다. '적자생존'을 '적어야만 생존할 수 있다'라는 의미로 새롭게 해석해 보자. 궁극적으로 기록하는 과정은 성장으로 연결된다.

04

기본부터 배워라,
기초가 탄탄해야 오래 간다

　회사 생활을 하면서 많은 선배로부터 배움을 얻었다. 모든 선배님께 감사드리며 그중 한 분과의 기억을 공유하고자 한다. 그분은 내가 실무자로 근무하던 시절 우리 부장님이었다. 엄격하면서도 사려 깊은 성품과 업무적으로도 해박한 지식과 풍부한 경험을 갖춘 회계 전문가였다.

> 하루는 부장님께서 필자를 포함한 실무자 몇 명에게 특이한 과제를 내주셨다. A4 용지 10장을 나눠주며 앞뒤로 아라비아 숫자 0부터 9까지 정확히 적어 제출하라는 것이었

다. 순간적으로 황당하고 당황스러웠다. 대졸 직원에게 숫자 연습을 시키다니. 개인적인 자부심이 한순간에 무너지는 듯한 불쾌한 숙제였다. 더욱이 부장님은 과제에 대한 이유나 부연 설명을 해주지 않았다. 당시는 1980년대 초로 사무실 분위기는 상명하복이 철저한 군대 문화가 여전하던 시절이었다. 부서장의 지시는 무조건 수행해야 하는 것이 상식이었다. 결국 주말을 이용해 백지 열 장을 아라비아 숫자로 빽빽이 채워 과제를 제출했다. 부장님은 과제를 훑어보더니 옆 테이블에 앉으라고 했다. 그리고 그제야 왜 그런 과제를 내주었는지 설명해 주었다.

"7이 1처럼 보이거나 8이 6처럼 보이면
합산이 틀릴 가능성이 크다."

당시는 전표를 수기로 직접 작성해 장부에 옮겨 적는 시스템이었다. PC가 사무용으로 막 등장하던 시기였지만 대부분 업무는 여전히 수작업으로 이루어졌다. 월간 결산을 위

> 해 전표와 장부를 마감한 후 계산기나 주판으로 합산해야 했다. 기록한 숫자가 정확하지 않으면 밤새 계산기를 두드려도 틀린 답만 나왔다.

전표나 장부는 여러 직원이 함께 다루는 문서이므로 정확하고 명확히 기록하는 것이 필수다. 작성자는 자신의 필체를 쉽게 알아볼 수 있지만 다른 직원에게 모호한 숫자로 보인다면 문제 발생은 불가피하다. 즉, 기본을 철저히 익히는 것이 업무 효율성을 높이는 길이다.

이 이야기는 회계 업무에만 국한되는 것은 아니다. 일을 진행하면서 첫 단추를 잘못 채워 많은 시간과 노력을 허비했던 경험이 누구에게나 있을 것이다. 결국 처음으로 돌아가 다시 시작해야 했던 순간이 한 번쯤 있을 것이다. 어떤 직무에서든 스스로 전문가가 되어야 한다. 전문가가 되려면 기초부터 탄탄해야 한다. 그리고 그 출발점은 자기 직무의 첫 단추를 제대로 끼우는 것이다.

다른 사례도 있다.

필자는 자금 담당자로 근무했는데 당시는 당좌수표를 발행해 금융 거래를 처리하는 일이 많았다. 당좌수표는 제시만 하면 자기앞수표나 현금으로 교환할 수 있고 원하는 계좌로 입금할 수도 있는 편리한 자금거래 수단이었다. 하루는 상당히 큰 금액의 당좌수표를 발행하고 있었다.

은행거래용 직인을 당좌수표에 날인하면 정식 효력이 발생하는데 날인하기 직전에 다른 부서의 직원이 업무차 찾아와 옆 테이블에서 잠시 대화를 나누었다. 수표는 아직 날인되지 않은 상태였지만 발행된 채 책상 위에 놓여 있었다. 이야기를 마치고 자리로 돌아와 보니 당좌수표가 사라지고 없었다. 인감이 날인되지 않아 법적 효력은 없었지만 당황스러웠다. 책상 주변을 샅샅이 뒤지고 심지어 휴지통까지 확인해 보았지만 흔적조차 찾을 수 없었.

30분 가까이 수색한 끝에 결국 부장님께 이실직고하고 처분을 기다릴 수밖에 없었다. 그런데 부장님이 서랍에서 사라진 수표를 꺼내 보여주시며 한마디 남기시는 게 아닌가!

> "날인이 안 되어도 수표는 수표다."

그날 이후 금전 관련 업무는 지나칠 정도로 주의하게 되었다. 부득이 자리를 비울 때는 관련 자료와 수표책을 금고에 반드시 보관하는 습관이 몸에 배었다.

남자들이라면 한 번쯤 경험했을 신병훈련소를 기억해 보기 바란다. 물론 기억하고 싶지는 않겠지만. 모든 훈련의 첫 단계는 차렷, 열중쉬어, 좌향좌, 우향우 같은 매우 기초적인 제식훈련이다. '그런 게 군인의 전투력과 무슨 상관이 있나?'라는 의구심도 들었지만 지나고 보니 제식훈련은 민간인을 군인으로 변화시키는 기본 중 기본이었다.

기업에서도 여러분은 차렷, 열중쉬어, 좌향좌, 우향우 같은 일들을 만날 것이다. 그것을 시키는 선배나 상사는 바보가 아닐 텐데 왜 그것을 시킬까? 시간이 지나면 여러분도 그 이유를 하나씩 이해하게 될 것이다. 그리고 언젠가는 여러분도 후배들에게 차렷, 열중쉬어, 좌향좌, 우향우를 열심히 시키고 있을 것이다.

✓ Checkmate

전문가가 되려면 기초부터 탄탄하게 다져야 한다. 그 시작은 자신의 직무에서 첫 단추를 제대로 끼우는 데 있다. 신병 훈련이 제식훈련부터 시작되는 것과 같은 이유다. 어떤 분야든 기본기가 뒷받침되지 않으면 진짜 전문가로 성장할 수 없다.

05

똑똑하게 일하자, 워크 스마트를 위한 ABCDE

요즘 취업이 어렵다는 말을 신문이나 방송에서 자주 접한다. 그런데 기업들은 정작 사람을 구하기 어렵다고 불평이다. 한편에서는 다니는 회사를 그만둘지 고민하는 직원들이 많다. 신입사원의 1년 내 퇴사율이 30%가 넘는다는 통계 기사도 있다. 왜 이런 미스매치 현상이 벌어지는 걸까?

여러 가지 이유가 있겠지만 인사업무를 담당했던 경험자의 판단으로는 이제 단순히 '열심히 일하는 것'만으로는 조직에서 생존하고 성장하기 힘든 시대가 되었기 때문이다. 단도직입적으로 말해 시키는 대로만 일하는 직원은 조직에서 더 이상 원하지 않는다. 그럼에도 여전히 기존 방식대로 일하고 있다면 본인 스스로 느낄 것이다. 지금처럼 일해서는 성장은커녕 생존조차 쉽지 않다는 것을. 조금 과격하게 표현하면 잘리기 전에 미리 알아서 떠나는 상황이 벌어지고 있다.

오늘날 기업은 스스로 창의적이고 체계적이며 똑똑하게 일하는 직원을 원한다. 이를 워크 스마트 work smart 라고 표현하는데 우리말로 딱 떨어지는 번역을 찾기가 쉽지 않다. 보통 '제대로 일하는 법', '똑똑하게 일하는 법' 정도로 번역해 사용한다. 그런데 문제는 이 워크 스마트를 대학에서도 가르쳐주지 않고 기업에서도 원하기만 할 뿐 어떻게 해야 할지 정작 모르는 경우가 많다는 것이다.

워크 스마트에 대해 전문가들은 다양한 설명을 내놓고 있다. 하지만 실무자로서 조직에서 살아남아 성장하려면 스스로 워크 스마트를 위한 기본을 먼저 준비해야 한다. 이를 위해 ABCDE로 표현하는 다섯 가지 요소로 기본기를 설명할 수 있다. 이 다섯 가지는 최소한의 요구 사항이다.

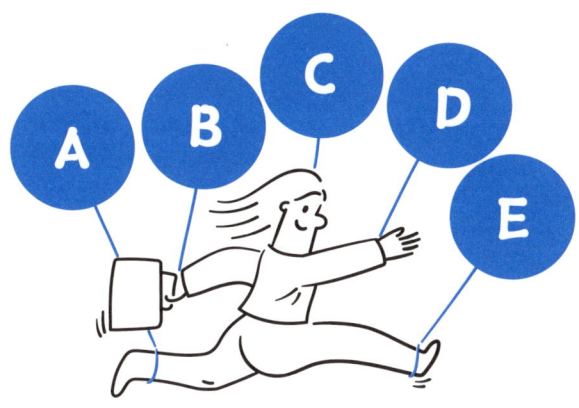

워크 스마트를 위한 기본기, ABCDE

A (Attitude, 태도)

일에 대한 기본적인 태도를 의미한다. 단순히 업무 담당자에 머물지 않고 그 분야의 전문가가 되려는 태도를 가져야 한다. 전문가는 시키는 일만 하는 사람이 아니다. 스스로 연구하고 준비하고 자신의 업무를 해내기 위해 노력하는 사람이 전문가다.

B (Business Mind, 비즈니스 마인드)

업무를 대하는 마음가짐을 의미한다. 일에 대한 애정과 책임감 등이 포함되며 비즈니스 마인드는 내면의 자세로서 외적으로 드러날 때 '태도'로 표현된다.

C (Communication, 소통 역량)

조직 안팎의 사람들과 정보를 효과적으로 전달하고 받아들이는 능력을 뜻한다. A(태도)와 B(비즈니스 마인드)가 아무리 뛰어나도 C(소통 역량)가 부족하면 그 능력은 빛을 발하지 못한다. 소통이 부족한 조직원은 꿰매지 않은 구슬과 같다.

D (Desire, 의욕)

"하고 싶은 일에는 방법이 보이고 하기 싫은 일에는 핑계가 보인다." 일에 대한 욕구는 성취하려는 열망과 직결된다. 의욕이 있는 사람은 해결책을 찾고 의욕이 없는 사람은 변명거리를 찾는다.

E (Energy, 열정)

열정을 담아 수행한 일과 그렇지 않은 일은 결과에서 확연한 차이가 난다. 그냥 한 일은 그저 그런 결과를 내지만 에너지를 쏟아부은 일은 더 높은 성과와 가치를 창출한다.

워크 스마트를 위한 'ABCDE'가 준비되었다면 이제 'SMART'

하게 바꾸어야 할 것을 살펴보자.

ABCDE를 갖춘 후 바꿔야 할 SMART

S (Space Management, 공간 관리)

작업 공간을 더 효율적인 환경으로 개선하는 것이 중요하다. 업종과 업무에 따라 공간 구성은 다를 수 있지만 처음 방문한 사무실이나 생산 현장을 보면 일이 제대로 진행될 것 같은 환경과 그렇지 않은 환경은 직감적으로 구별된다. 작업 공간을 정리하고 최적화하는 것은 업무 생산성과 집중력을 높이는 데 필수적이다.

M (Method Management, 진행 방법)

업무를 진행하는 방식에도 변화가 필요하다.

우리는 오래전부터 '일머리'라는 개념을 사용해 왔다. 일머리는 일의 본질과 핵심을 먼저 파악하고 가장 효과적이고 효율적인 방법을 찾아 실행하는 능력을 말한다. 업무 흐름도를 잘 그리거나 업무 내용을 체계적인 양식으로 정리하는 직원은 대체로 업무 파악이 빠르고 일의 효율도 높다. 그리고 올바른 업무 방식은 일에 대한 리스크를 줄이는 데도 큰 효과를 발휘한다.

Ⓐ (Acquaintance Management, 정보 확보)

"알아야 면장을 한다"라는 말이 있다. 즉, 일을 제대로 수행하려면 관련 지식과 정보를 충분히 확보해야 한다.

무작정 일을 시작하면 엄청난 시간과 노력이 낭비될 뿐만 아니라 원하는 결과를 얻기도 어렵다. 특히 필요한 정보를 이미 가지고 있는데도 소통 부족이나 소통 회피로 혼자 끙끙대는 옆자리 동료 직원을 보면 안타까울 때가 많다. 정보와 지식의 획득은 결국 사람과의 관계 속에서 이루어지기 때문에 전략적인 관계관리가 핵심이다.

R (Result Management, 성과 관리)

업무의 최종 결과는 기업에 창출된 부가가치와 연결해 평가하는 것이 바람직하다. 물론 과정도 중요하지만 결과물이 조직에 제공한 가치가 핵심이다. 성과를 판단할 때는 단순한 노력보다 '얼마나 의미 있는 결과를 만들었는가?'에 초점을 맞추어야 한다.

T (Time Management, 시간 관리)

시간을 효율적으로 활용하는 것은 모든 조직에서 핵심적인 요소다. 영리 기업에서는 부가가치가 높은 업무부터 우선 수행해야 한다. 비영리 조직에서는 조직이 추구하는 미션과 가까운 일에 우선순위를 둔다. 즉, 업무의 우선순위를 명확히 설정하고 중요한 일에 집중하는 것이 워크 스마트의 핵심이다.

기업은 워크 스마트를 할 수 있는 인재를 찾고 그들에게 리더십 기회를 제공하려고 한다. 다른 이유는 없다. 무한 글로벌 경쟁에서 기업도 생존해야 하기 때문이다.

✓ Checkmate

조직은 이제 시키는 대로만 일하는 구성원을 더 이상 원하지 않는다. 기업이 진정으로 원하는 인재는 창의적이고 체계적이며 똑똑하게 일할 줄 아는 사람이다.

이를 위해 갖추어야 할 역량으로 워크 스마트를 위한 'ABCDE'가 있다. 여기에 더해 'SMART'한 개선도 함께 요구된다.

06

단순하게 말하라,
그래야 전달된다

"단순한 것을 복잡하게 말하려면 교육이 필요하지만
복잡한 것을 단순하게 말하려면 지혜가 필요하다."

스위스 작가 찰스 춉이 한 말이다. 이 명언을 좀 더 쉽게 풀어보자. 소위 '가방끈이 긴 사람'은 간단하고 쉬운 이야기를 오히려 복잡하고 어렵게 만드는 능력이 있다. 반면, 복잡하고 어려운 내용을 쉽게 전달하는 사람은 지혜로운 사람이다. 즉, 진정한 전문가는 어려운 개념을 쉽게 설명할 수 있는 사람이다.

선배들로부터 소통이 중요하다거나 소통을 잘해야 한다는 말을 수없이 들었을 것이다. 실제로 조직 내에서 발생하는 많은 문제는 소통 부족이나 잘못된 소통에서 비롯된다. 때로는 쉽게 해결될 작은 문제도 소통이 원활하지 않으면 더 꼬이게 된다. 이런 문제를 해결하기 위해 책을 읽고 교육 프로그램에도 참여하는 등 여러 가지 노력을 하지만 그럼에도 불구하고 소통문제는 여전히 우리를 따라다니며 괴롭힌다.

어느 순간부터 우리는 단순한 것을 너무 복잡하게 표현하는데 익숙해진 것은 아닐까? 자신의 지적 수준이 낮아 보이는 것이 두려운 것인가? 아니면 학교와 기업에서 아무 의심 없이 어려운 표현을 사용하는 환경에 자연스럽게 물든 것인가? 이유가 무엇이든 어렵고 복잡하게 말하는 습관에 빠지면 정작 중요한 커뮤니케이션의 핵심을 잊어버리게 된다.

소통의 성공 여부는 메시지의 발신자가 아니라 수신자의 이해도에 달려있다. 수신자가 정확히 이해해야만 소통이 성공한 것이다. 그렇지 않으면 실패한 소통이다. 메시지를 전달하는 데 중간 점수는 없다.

복잡한 내용을 단순하게 전달하는 방법을 익혀야 한다. 아니, 그보다 먼저 단순한 것을 단순하게 말하는 연습부터 해야 한다. 소통은 상대방을 배려하는 방식으로 이루어져야 한다. 듣는 사람이 쉽게 이해할 수 있도록 단어, 내용, 전달 방법에 신경 쓰면 적어도 오해는 피할 수 있다. 소통은 쌍방향이므로 듣는 사람도 메시지의 핵심을 파악하려고 노력해야 한다. 그리고 이해가 안 되면 주저하지 말고 발신자에게 되묻거나 확인해야 한다. 어색한 순간은 잠시이지만 잘못된 해석은 오랫동안 문제로 남기 때문이다. 좀 더 직설적으로 말하면 물어보는 것은 결코 창피한 일이 아니다.

소통의 성패는 메시지 수신자의 이해에 달려있다.

커뮤니케이션에 관한 두꺼운 책을 읽기 전에 먼저 '읽기, 듣기, 말하기, 쓰기' 연습을 하자. 돌이켜보면 초등학교 시절 선생님께서 가장 기본적으로 가르쳐주셨던 내용이다. 말하기와 쓰기를 연습하면 전달력이 향상된다. 듣기와 읽기를 연습하면 메시지를 정확히 수신하고 해석하는 능력이 길러진다.

기억하자. 소통의 첫 단계는 전달하려는 내용을 상대방에게 명확히 전하는 것이다. 그뿐이다.

✓ Checkmate

소통의 성패는 메시지 수신자의 이해에 달려있다. 상대방이 정확히 이해해야 성공한 소통이다. 그렇지 않다면 실패한 소통이다. 이를 위해 말하기, 쓰기, 듣기, 읽기를 꾸준히 연습해야 한다. 소통의 첫 단계는 전달하려는 내용을 상대방에게 명확히 전하는 것, 그것이 전부다.

07

듣기도 기술이다, CARESS로 연습하라

앞 장에서는 발신자가 수신자에게 메시지를 효과적으로 전달하는 방법을 설명했다. 핵심은 메시지를 단순하게 전달하는 것이었다. 이제는 반대로 수신자가 발신자의 메시지를 잘 이해하는 방법을 이야기하려고 한다.

경청, 즉 적극적 듣기 active listening 는 수신자가 발신자의 메시지에 집중해 적극적으로 받아들이고 해석하는 과정이다. 훌륭한 수신자는 발신자의 메시지에 항상 집중하고 적극적으로 듣는 태도를 유지한다. 수신자가 적극적으로 메시지를 들을 때 소통의 상대방인 발신자는 자신이 존중받고 있다는 느낌을 갖게 된다. 이는 매우 중요한 요소다. 소통 과정에서 자신이 존중받는다는 느낌은 정보 교환을 원활하게 할 뿐만 아니라 오해가 생기더라도 이를 더 쉽게 해결할 기반을 마련해 준다.

적극적인 듣기 연습을 위해 앤서니 알레산드라Anthony Alessandra와 필립 헌스커Phillip Hunsaker가 제시한 CARESS 모델을 활용할 것을 제안한다. 경청의 기술, 즉 적극적으로 듣는 훈련을 돕기 위해 CARESS 모델은 다음과 같이 설명한다.

ⓒ (Concentrate, 집중)

TV를 시청하거나 가벼운 대화를 나눌 때는 편안한 듣기casual listening만으로도 충분하다. 그러나 업무적인 내용이나 복잡한 주제를 다룰 때는 더 높은 수준의 듣기 능력이 요구된다. 상대방의 메시지를 정확히 이해하고 중요한 정보를 놓치지 않으려면 적극적인 듣기가 필수적이다. 이를 위해 가장 중요한 것은 발신자의 메시지뿐만 아니라 제스처와 같은 비언어적 표현에도 집중하는 것이다.

Ⓐ (Acknowledge, 인정)

발신자는 소통 과정에서 수신자가 메시지를 잘 이해하고 있는지 확인하고 싶어 한다. 따라서 수신자는 대화 중간중간에 '적극적으로 듣고 있다는 신호'를 보낼 필요가 있다.

예를 들어, 고개를 가볍게 끄덕여 내용을 이해하고 있음을 표현하거나 "예", "그렇군요", "알겠습니다" 등의 짧은 피드백을 통해 발신자에게 메시지를 이해하고 있다는 신호를 보낼 수 있다. 이런 작은 반응들은 소통을 더 원활하게 하고 발신자가 자신의 메시지가 잘 전달되고 있다는 확신을 갖게 해준다.

R (Research, 조사)

조사는 소통 과정에서 수신자가 발신자에게 내용을 질문하거나 확인하는 과정을 의미한다. 적절한 질문을 통해 수신자는 메시지 내용을 더 정확히 이해할 수 있으며 필요한 경우, 경청하고 있음을 적극적으로 표현하는 방법이 되기도 한다. 질문은 단순한 확인 차원을 넘어 대화의 흐름을 더 깊이 있게 만들고 상호 이해를 증진하는 중요한 역할을 한다.

E (Emotional Control, 감정조절)

발신자의 말투나 사용한 단어가 수신자에게 불편하게 느껴질 수도 있다. 이런 경우, 수신자는 감정을 조절하고 메시지 자체에 집중하는 것이 중요하다. 감정을 조절하는 방식은 사람마다 다르지만 상대방이 이를 눈치채지 못하도록 유지하는 것이 전문가다운 태도다.

또한, 소통의 목표는 메시지를 올바로 교환하는 것이지 상대방을 감정적으로 제압하는 것이 아님을 항상 기억해야 한다.

S (Sense the Nonverbal Message, 비언어 메시지의 이해)

소통 과정에서는 비언어적 요소가 더 큰 비중을 차지한다. 따라서 발신자의 표정, 몸짓, 목소리 톤 등 비언어적 메시지를 정확히 이해하는 것이 중요하다. 비언어적 메시지는 단순한 보조 수단이 아니라 의미를 내포한 중요한 정보다. 이를 고려해 경청하면 전체적인 메시지를 더 정확히 이해하고 발신자의 의도도 더 깊이 파악할 수 있다.

S (Structure, 구조화)

발신자의 메시지를 수신하는 과정에서 핵심 내용을 정리하고 요약하는 것이 중요하다. 메시지를 구조화하는 방법으로는 단어, 기호, 그림, 표 등의 활용이 있다. 이런 방법을 사용하면 메시지를 더 체계적으로 정리할 수 있고 이후 상대방에게 다시 전달할 때도 효과적으로 활용할 수 있다. 정리된 내용은 기억을 돕고 소통의 명확성을 높이며 나아가 실무적인 활용도까지 극대화하는 중요한 도구가 된다.

대화에서는 상대방의 이야기를 더 많이 듣는 것이 바람직하다. 인간관계와 소통의 대가인 데일 카네기Dale Carnegie는 대화할 때 말하는 것보다 듣기와 맞장구치는 것이 더 중요하다고 강조하며 이를 대화의 '1-2-3 법칙'이라고 소개한다. 즉, 한 번 말하고 두 번 듣고 세 번 맞장구치라는 것이다. 여기서 말하는 맞장구는 CARESS 모델에서 살펴본 인정 acknowledge과 같은 개념이다.

또한, 특별한 이유가 없다면 상대방의 말을 끊지 않는 것이 원칙이다. 만약 불가피하게 말을 끊어야 한다면 상대방이 불쾌해하지 않도록 최대한 배려하는 태도가 필요하다.

그리고 어떤 상황에서도 제대로 이해하지 못한 부분이 있다면 주저하지 말고 질문해야 한다. 상대방과의 이해가 다르면 나중에 더 큰 문제로 이어질 수 있기 때문이다.

✓ Checkmate

경청, 즉 적극적으로 듣기 위해 CARESS 모델을 활용해 훈련하자. 여기에 효과적인 대화를 위한 '1-2-3 법칙'도 기억하자. 한 번 말하고 두 번 듣고 세 번 맞장구치는 것이 핵심이다. 그리고 이해하지 못한 부분이 있다면 반드시 질문하고 확인해야 한다. 작은 오해가 더 큰 문제로 번질 수 있기 때문이다.

08

두 얼굴의 커뮤니케이션,
병 주고 약 주고

개인적인 삶이나 조직생활에서 겪었던 다양한 문제들의 원인을 거슬러 올라가 보면 커뮤니케이션 오류에서 비롯된 경우가 상당히 많다. 아이러니하게도 커뮤니케이션 때문에 발생한 문제를 해결하려면 결국 다시 커뮤니케이션의 힘을 빌려야 한다. 그래서 커뮤니케이션이 중요한 것이다. 조직 생활을 포함한 우리의 삶에서 커뮤니케이션은 때로는 문제를 만들고 때로는 해결책이 되기도 한다. 병 주고 약 주는 존재다.

"모든 길은 로마로 통한다."라는 말이 있다. 원래는 로마 제국의 광범위하고 정교한 도로망에서 유래한 표현이지만 이제는 철학적 의미로도 사용된다. 즉, 다양한 방법을 사용하더라도 결국 같은 목적지에 도달한다는 뜻이다. 하지만 현시대에는 이렇게 말하고 싶다.

"모든 일은 커뮤니케이션으로 통한다."

최근 들어 커뮤니케이션의 개념과 연구 분야도 더 다양해지고 있다. 조직의 구조를 기준으로 내부 커뮤니케이션과 외부 커뮤니케이션으로 나누어 연구하기도 하며 특정 직능과 연결해 서비스 커뮤니케이션, 세일즈 커뮤니케이션처럼 점점 세분화하는 추세다.

커뮤니케이션을 연구하는 학자들과 현장 관리자들은 효과적인 커뮤니케이션을 통해 조직의 성과에 긍정적인 영향을 미칠 방법을 끊임없이 연구하고 고민하는 등 다양한 시도를 하고 있다. 그중 하나로 현장에서 자주 활용되는 방법이 있다. 조직 안에서 그룹 토의를 통해 '하지 말아야 할 내용'을 찾아보는 것이다.

이 방법은 얼핏 보면 소극적인 접근 방식처럼 보일 수 있지만 실제로는 상당한 효과를 거둔 경험이 있다. 커뮤니케이션을 가장 망치는 요소들을 토의한 후 최우선으로 고쳐야 할 항목을 10개 이내로 정리해 이를 반대로 적용하는 것이다. 이 과정에서 발견된 문제 행동들은 원인 분석을 생략한 채 바로 중지하거나 정반대로 실행해 보는 방식으로 해결한다. 이 방법은 현장에서 '퀵 픽스quick fix'라고 불리며 긴급한 조치나 개선이 필요할 때 효과적으로 활용된다.

기업의 워크숍을 진행하면서 그룹 토의를 통해 커뮤니케이션에서 문제를 일으키는 사례 중 당장 '하지 말아야 할 항목', 즉 '퀵 픽스'가 필요한 12가지 실수를 정리해 보았다.

1. 전달 내용이 복잡하다.

"The simpler, the better."
이 원칙은 보고서, 회의, 연설, 심지어 의상과 인테리어까지 다양한 분야에서 적용된다. 세상이 복잡할수록 간결함이 주는 힘은 더 강력하다. 메시지가 복잡하면 전달이 어려워지고 그 영향력도 약해진다. 복잡한 메시지는 소제목을 붙이거나 숫자로 구분해 작은 단위로 나누어 전달하는 것이 효과적이다.

전쟁 영화에서 보병이 포병 지원을 요청하는 장면을 떠올려 보자. 그들은 적의 위치 좌표만 집중적으로 반복해 알려준다. 이렇게 단순한 전달 방식이 가장 빠르고 정확한 소통을 가능하게 한다.

2. 내용이 불확실하다.

커뮤니케이션, 특히 비즈니스 커뮤니케이션에서는 메시지의 명확성이 필수다. 전달자가 이해한다고 해서 수신자도 이해할 거라고 단정해서는 안 된다. 정보의 비대칭은 곧 이해의 비대칭으로 이어진다.

3. 정확히 듣지 않고 정확히 읽지 않는다.

수출입 업무 담당자 중 클레임이 잦은 사람은 오히려 영어를 잘하는 직원이라는 말이 있다. 영어에 대한 자신감이 과해 불명확한 문장을 대충 해석하고 넘어가기 때문이다. 반면, 영어 실력이 부족한 직원은 문서를 더 꼼꼼히 확인하고 재차 검토해 클레임이 적다고 한다.

우리나라는 여전히 고맥락high-context 문화가 지배적이며 상대방의 말을 완전히 이해하지 못했는데도 재차 질문하기를 망설이는 경우가 많다. 그러나 커뮤니케이션에서 자격지심은 금물이다. 이해될 때까지 확인하는 사람이 진짜 똑똑한 수신자다. 메시지를 이해하지 못하면 확인하고 또 확인해야 한다.

4. 집중하지 않는다.

같은 회의에 참석하고도 내용을 제대로 파악하지 못하는 사람이 있다. 집중하지 않기 때문이다. 수신자의 가장 중요한 덕목은 발신자의 메시지에 집중하는 것이다. 집중력을 높이기 위해 핵심 단어를 기록하는 습관을 들이는 것이 좋다. 다만, 모든 내용을 미주알고주알 적는 것은 오히려 방해가 된다. 기록하는 목적은 메시지에 더 집중하기 위해서다.

5. 문제의 본질과 핵심을 파악하지 못한다.

핵심을 놓친 대화는 시간 낭비일 뿐이다. 문제의 본질이 파악되지 않았다면 차근차근 질문하면서 다시 접근하는 것이 좋은 방법이다. 질문하는 것은 부끄러운 것이 아니다. 다만, 여러 사람이 함께하는 강의나 타운홀 미팅에서는 다른 참여자의 집중을 방해하지 않도록 질문하는 요령과 배려가 필요하다.

6. 상대방의 감정 상태를 고려하지 않고 계속 소통한다.

상대방의 감정이 혼란스러운 상태라면 소통을 잠시 미루는 것이 낫다. 라디오 주파수를 생각해 보자. 주파수가 맞지 않으면 뉴스나 음악이 아니라 잡음만 들린다. 감정적으로 불안정한 상대방과 나누는 대화는 잡음 가득한 라디오에서 메시지를 찾는 것과 같다. 효과적인 소통을 위해서는 적절한 타이밍을 선택하는 것이 중요하다.

7. 문화적 차이를 무시한다.

지금은 글로벌 시대다. 다양한 문화적 배경을 가진 사람들과 함께 일하며 살아간다. 같은 국적을 가진 사람들 사이에서도 지역, 교육, 가족 배경에 따라 문화적 차이가 존재한다. 커뮤니케이션에서 문화적 차이를 줄이려면 '역지사지 易地思之', 즉 상대방의 입장에서 메시지를 이해하려는 태도가 필요하다.

8. 심한 사투리를 사용한다.

어느 나라에서든 지역별로 사투리가 존재한다. 효과적인 커뮤니케이션을 위해서는 가능하면 표준어를 사용하는 것이 바람직하다. 사전에 상대방에게 "제가 사투리가 좀 심한데 혹시 이해하시기 어려우면 말씀해 주세요."라고 양해를 구하는 것도 좋은 방법이다. 만약 발신자의 사투리 때문에 이해하기가 어렵다면 질문하거나 확인하는 것이 중요하다.

9. 전문용어를 남발한다.

상대방이 알아 듣기 힘든 전문용어를 남발하면 커뮤니케이션이 실패할 확률이 높아진다. 이는 메시지를 어렵게 만들 뿐만 아니라 상대방을 소통에서 배제시킬 수도 있다. 내가 아니라 상대방이 이해해야만 커뮤니케이션에 성공한 것이다.

10. 소음이 많은 곳에서 커뮤니케이션한다.

소음이 많은 곳에서는 메시지 전달이 어렵고 감정적으로도 부정적인 영향을 미칠 가능성이 높다. 가능하면 조용한 환경에서 대화하는 것이 좋다. 불가피한 경우라면 짧고 명확한 메시지를 활용하는 것이 효과적이다.

11. 통신시설 기능이 문제를 일으킨다.

음질이 고르지 않은 전화, 자주 끊기는 화상회의 시스템 등은 정상적인 커뮤니케이션을 방해한다. 이럴 때는 다른 수단을 이용하거나 급하지 않은 내용이라면 소통을 미루는 것이 차선책이 될 수 있다.

12. 상대방의 기분을 상하게 하는 단어, 표정, 제스처를 사용한다.

커뮤니케이션의 성공 여부는 내가 아니라 상대방이 결정하는 것이다. 본인이 의도하지 않았더라도 상대방이 불편함을 느꼈다면 그것은 실패한 커뮤니케이션이다. 거울을 보고 연습하거나 동료와 역할극을 통해 스스로 교정하는 것이 필요하다.

커뮤니케이션은 조직 생활에서 필수적인 역량이다. 그래서 더 어렵게 느껴질 수 있다. 단번에 뛰어난 커뮤니케이터가 될 수는 없지만 노력하는 만큼 개선할 수 있는 분야다. 중요한 것은 작은 습관부터 하나씩 바꿔가며 지속적으로 개선해 나가는 것이다.

꾸준한 연습과 피드백을 통해 점진적으로 발전한다면 효과적인 소통 능력을 갖춘 사람이 될 수 있다.

✓ Checkmate

커뮤니케이션은 문제의 원인이 되기도 하고 해결의 열쇠가 되기도 한다. 모든 길이 로마로 통하듯 대부분의 일은 결국 커뮤니케이션으로 귀결된다. 문제를 유발하는 커뮤니케이션 요소는 '퀵 픽스(quick fix)' 방식으로 신속히 개선해야 한다.

커뮤니케이션 역량은 노력한 만큼 개선되며 작은 습관부터 하나씩 바꾸고 꾸준히 실천하는 것이 무엇보다 중요하다.

09

위험관리의 첫 걸음,
찜찜하면 오픈하라

새로운 일을 시작하는 신입사원이든 경험이 풍부한 관리자든 필자가 함께 일했던 후배들에게 가장 자주 건넸던 조언이 하나 있다.

"찜찜하면 오픈하라."

인간의 속성상 자신의 실수나 잘못을 스스로 밝히기는 쉽지 않다. 하지만 "호미로 막을 일을 가래로 막는다"라는 속담을 곱씹어보자. 작은 문제를 숨기다가 결국 더 큰 문제가 될 수 있다.

2008년 발생한 리먼 브라더스 Lehman Brothers 사태는 글로벌 금융위기로 확산되어 전 세계 경제에 심각한 영향을 미쳤다. 우리나라에서도 여러 금융기관과 기업이 파산하면서 매각과 인수합병M&A을 하는 등 힘든 시기를 보냈다. 리먼 브라더스는 당시 세계적인 대형 투자은행이었지만 과도한 위험 투자, 부채 증가, 주택시장 붕괴로 결국 파산에 이르렀다. 사실 부실 대출 관련 지표들이 지속적으로 경고 신호를 보냈지만 그것을 무시한 결과, 신용 붕괴와 대형 금융기관의 연쇄 파산으로 이어진 것이다. 리먼 브라더스 사태는 부실한 리스크 관리가 얼마나 치명적인 결과를 초래하는지를 보여준 대표적 사례다. 물론 '소 잃고 외양간 고치기'이지만 이 사건을 계기로 금융기관, 기업, 정부는 리스크 관리의 중요성을 다시 한번 인식하게 되었다.

업무의 문제점이나 위험 요소는 그 일을 직접 수행하는 사람이 맨 먼저 감지한다. 확실하지 않더라도 막연한 불안감이나 설명하기 힘든 찜찜함이 든다면 현재 진행 중인 일에 문제나 위험이 있을 가능성이 상당히 높다. 이럴 때는 본인이 느끼는 불안감을 동료나 상사와 공유하는 것이 가장 효과적인 위험관리 방법이다. 인간은 본능적으로 위험을 감지하는 감각이 있으며 특히 자신이 맡은 일에 대해서는 더 예민하게 반응한다. 그러므로 마음이 불편하다면 망설이지 말고 오픈하는 것이 문제 발생을 예방하는 최선책이다.

미국의 안전관리 전문가 허버트 하인리히Herbert Heinrich는 사고 발생 패턴을 연구해 하인리히 법칙Heinrich's Law을 발표했다. 그는 다음과 같이 설명했다.

"1건의 중대 사고가 발생하기 전 29건의 경미한 사고가 있고 그보다 훨씬 많은 300건의 사소한 징후가 존재한다."

즉, 대형 사고는 갑자기 발생하는 것이 아니라 그 이전에 수많은 경고 신호signal가 반복적으로 나타난다는 것이다. 기업과 함께 보낸 40년을 돌이켜보면 어떤 사고든 반드시 사전에 경고 신호를 보냈다. 이는 사람이 큰 병을 앓기 전 몸이 보내는 신호와 같다. 그러나 관심이 부족하거나 신호를 인지하고도 무시하면 결국 더 큰 문제가 발생했다. 앞에서 언급한 속담처럼 호미로 막을 일을 가래로도 해결하지 못하고 결국 포크레인 같은 중장비를 동원해야만 겨우 수습되는 상황이 벌어지는 것이다. 사고나 문제를 예방하려면 사소한 위험부터 제거해야 한다. 이는 비용면에서도 큰 차이가 난다. 사고 예방에 드는 비용은 복구 비용보다 훨씬 적기 때문이다.

걱정거리를 솔직하게 동료나 상사와 상의했다면 쉽게 해결될 일도 그냥 덮어두고 넘어가려다가 일이 커지는 경우가 많다. 작은 문제를 방치하다가 결국 큰 사고로 이어지는 경우를 우리 주변에서 흔히 볼 수 있다. 그래서 끊임없이 강조하는 것이다.

"찜찜하면 오픈하라!"

즉, 문제를 미리 파악하고 더 나은 해결책을 찾으라는 뜻이다. 하지만 단순히 "오픈하라"라는 잔소리만으로는 문제를 해결할 수 없다. 정말 중요한 것은 누구나 거리낌 없이 오픈할 수 있는 조직 문화를 만드는 것이다.

스스로 터놓고 문제를 이야기할 수 있고 기꺼이 조언을 구하고 흔쾌히 도움을 주는 분위기가 자리 잡아야 한다. 이런 문화가 정착된다면 "찜찜하면 오픈하라"라는 말을 더 이상 굳이 안 해도 될 것이다. 이제 여러분의 조직 문화를 돌아보자. 지금이라도 모르는 것이 있다면 주저하지 말고 동료나 선배에게 물어보자.

그리고 찜찜하면 제발 오픈하자!

Checkmate

중대한 사고가 발생하기 전에 경미한 사고와 사소한 징후가 존재한다. 사소한 신호를 무시하면 결국 큰 사고로 이어질 수 있다는 뜻이다. 찜찜하면 오픈해야 한다. 그것이 사고를 예방하고 조직을 건강하게 만드는 지름길이다. 정말 중요한 것은 누구나 거리낌 없이 오픈할 수 있는 조직 문화를 만드는 것이다.

10

도를 아십니까?
회계를 아십니까?

한때 길거리에서 자주 들리던 소리다. 마음을 수련한다는 단체에서 지나가는 사람들에게 불쑥 던지는 질문이었다. 이 문장을 잠시 빌려 필자도 질문을 던져본다.

"여러분, 회계를 아십니까?"

필자는 학부와 대학원에서 회계학을 공부했고 실무에서 처음 배치된 부서도 경리부였다. 아이러니하게도 대학 시절 가장 싫어했던 과목이 회계학이었는데 이후 대학에서 회계학을 강의하기도 했다. 필자가 생각하는 회계는 그것을 직업으로 삼고 있는 분들의 관점과는 상당히 다를 것이다. 대학 시절 회계학 수업에 흥미를 잃었던 이유는 교수님이 회계를 왜 공부해야 하는지에 대한 아무 설명도 없이 그냥 어떻게 하는 것인지만 전달했기 때문이라고 생각한다. 즉, 'WHY'는 빠진 채 'HOW'만 설명한 것이다. 다른 학문도 마찬가지겠지만 회계학은 왜 필요한지를 이해하는 데서부터 시작해야 한다.

언젠가 공대생들을 대상으로 회계학 특강을 한 적이 있다. 누군가가 앞을 내다보고 기획한 강의였겠지만 정작 강의실에 앉아 있는 학생들은 하나같이 흥미가 없어 보였다. 그래서 나는 먼저 다른 이야기부터 꺼냈다.

> "여러분이 기업이나 연구소에 취업하면
> 어떤 목표를 가지고 일하게 될까요?"

여러 가지 대답이 나왔지만 가장 많이 나온 것은 공장장, 연구소장, CEO 같은 직책이었다. 그래서 나는 경고하듯이 말했다.

"여러분이 공장장, 연구소장, CEO가 되었을 때
회계를 이해하지 못하면 엄청난 손해를 볼 수 있습니다."

조직을 운영하려면 성과를 숫자로 명확히 표현할 수 있어야 한다. 그래야만 직원들의 성과급뿐만 아니라 자신의 성과급도 제대로 받을 수 있고 조직의 예산도 충분히 확보할 수 있다. 또한, 재무팀에서 실수하거나 엉뚱한 이야기를 하면 이를 바로잡는 능력도 필요하다. 이런 현실적인 이야기부터 풀어나갔다.

그제야 학생들은 하나둘 자세를 고쳐 앉기 시작했고 다행히 강의를 성공적으로 마칠 수 있었다. 강의 후 몇몇 학생이 개인적으로 찾아와 어떤 책을 공부해야 좋을지 추천해달라고 질문하기도 했다. 이처럼 WHY를 제대로 이해하면 HOW는 저절로 따라온다.

회계학을 강의하면서 가장 먼저 강조하는 것은 회계학은 '언어'라는 것이다. 기업의 거래 정보는 복잡하고 방대하다. 이를 이해하고 정리하고 전달하려면 그것에 특화된 언어가 필요하다. 우리가 일상에서 사용하는 언어만으로는 이를 효과적으로 정리하거나 소통할 수 없기 때문이다. 전산 시스템을 개발할 때 Java, Python, C#, SQL 등의 전산 언어를 활용하는 것과 같은 원리다. 그래서 회계를 '경영 언어'라고 부르는 것이다. 이것이 핵심이다. 차변과 대변, 계정과목, 분개, 전기, 장부, 시산표, 재무제표, 회계기준, 이 모든 것은 결국 회계라는 경영 언어의 어휘와 문법이다. 따라서 기업 구성원이라면 직무와 상관없이 기본적으로 회계를 이해해야 한다.

어떤 조직이든 큰 고민 중 하나는 커뮤니케이션이다. 사람들은 영어와 같은 외국어를 배우는 데 관심이 많지만 기업에서는 그 이상으로 중요한 언어가 경영 언어, 즉 회계다. 회계로 소통하지 못하면 기업 구성원에게는 단순한 불편함을 넘어 치명적인 약점이 될 수 있다.

어쩌면 이런 이야기를 달가워하지 않는 사람들도 있을 것이다. 편협한 생각을 가진 일부 재무팀 직원들은 스스로 역관 translator의 지위를 유지하기 위해 다른 구성원들이 회계를 모르길 바랄지도 모른다. 하지만 이는 전형적인 소탐대실이다.

아직 늦지 않았다. 어려운 책과 씨름할 필요 없이 회계원리 수준부터 차근차근 이해하면 된다. 그러면 비즈니스 언어로 기본적인 소통이 가능해진다. 더 전문적인 어휘를 익히고 고급스러운 구사를 원한다면 필요에 맞추어 중급회계나 관리회계를 공부하면 된다.

대학원 첫 학기 때 들었던 이희준 교수님의 회계학 강의가 떠오른다. 그 수업을 통해 회계의 기초를 제대로 공부할 수 있었고 왜 회계를 이해해야 하는지를 분명히 배울 수 있었다. 교수님은 회계학을 'WHY'부터 설명하셨다.

특히 우리나라 고유의 복식부기인 송도사개치부법松都四介治簿法 이야기를 듣고 받은 충격이 아직도 생생하다. 이는 복식부기의 원전으로 알려진 15세기 베네치아의 복식부기보다 200년이나 앞선 기록 방법이지만 증거가 될 만한 사료가 없어 아직 정설로 인정받지 못하고 있어 아쉬울 뿐이다. 언젠가는 학자들이 관련 사료를 찾아내 고려 상인들이 사용했던 복식부기가 회계학의 원조임을 증명해 주기를 간절히 바란다. 어쨌든 개성부기로 통칭되는 사개치부법이 아랍을 거쳐 유럽으로 전파되었을 가능성은 충분하다. 대한민국이 영어로 Korea라고 표기되는 이유가 '고려'라는 국호에서 비롯되었음은 널리 알려진 사실이다. 이는 곧 고려 시대에 국제적 교류가 활발했음을 증명하는 사례이기도 하다.

또한, 1916년 현병주 선생이 개성상인의 도움으로 『실용자수 송도사개치부법』이라는 책을 발간했고 2011년에는 이원로 선생이 이를 현대 한글로 다시 해석해 『송도사개치부법 정해』라는 제목으로 출간했다. 이원로 선생은 책 서문에서 베네치아 부기는 'HOW'만 설명한 매뉴얼과 비슷한 반면, 송도사개치부법은 'WHY'와 'HOW'를 함께 설명하고 있어 근본적인 차이가 있다고 강조한다.

이제 한 번 더 묻는다.
"여러분, 회계를 아십니까?"

✓ Checkmate

회계를 제대로 이해하려면 먼저 '왜 회계가 필요한가(WHY)'에 대한 질문에서 출발해야 한다. 회계는 단순한 기술이 아니라 경영 언어이기 때문이다. 차변과 대변, 계정과목, 분개, 장부, 시산표, 재무제표, 회계기준 등은 모두 이 언어의 어휘와 문법에 해당한다.

회계라는 언어로 소통하지 못하면 기업 구성원에게는 단순한 어려움을 넘어 치명적인 약점이 될 수 있다. 회계는 단순한 숫자 기록이 아니라 경영의 본질을 이해하고 소통하기 위한 필수 언어이기 때문이다.

11

관계의 힘,
역지사지로 실천하라

글로벌 기업에서 오래 일하다 보면 다양한 국제회의에 참석할 기회가 많다. 회의가 끝난 후 세계 각지에서 온 동료들과 함께 식사하며 네트워킹을 즐기는 시간이 이어진다. 대화 주제는 경제 상황과 최근 업무를 시작으로 문화, 스포츠, 여행 등으로 확장된다. 그러다 보면 종종 서로의 직무와 관련된 농담을 주고받으며 유쾌한 분위기가 만들어지기도 한다.

기억에 남는 이야기 중 하나는 마케터 marketer와 어카운턴트 accountant 출신의 말싸움 이야기다. 마케터는 영업을 직접 담당하거나 영업관리 업무를 수행하고 어카운턴트는 회계 업무를 담당하는 직군을 통칭한다. 각 분야의 전문가들이 자신의 경험을 바탕으로 상대방의 직무를 빗대어 놀리지만 그 속에는 중요한 교훈이 숨어 있다. 바로 상대방의 직무를 존중해야만 나도 존중받을 수 있다는 것이다. 이야기의 줄거리는 대략 다음과 같다.

> 40년 동안 마케팅 분야에서 근무한 한 남성이 드디어 은퇴했다. 그의 오랜 꿈은 쥘 베른의 소설 『80일간의 세계일주』에 나오는 주인공처럼 열기구를 타고 세계를 여행하는 것이었다. 오랫동안 저축해온 돈으로 열기구를 구입하고 여러 준비를 마치고 드디어 여행을 떠났다.
>
> 여행 초반은 순조로웠다. 하지만 어느 날 원인 모를 이유로 열기구의 공기가 빠지면서 넓은 들판에 불시착하게 되었다. 주위를 둘러보았지만 마을은 보이지 않았고 자신이 어디에 있는지조차 알 수 없었다. 다행히 들판 사이로 좁은 오솔길이 보였다. 그는 누군가가 지나가기를 바라며 무작정 기다리기로 했다.

몇 시간이 지나고 해 질 녘 멀리서 자전거를 탄 사람이 오솔길을 따라 지나가고 있었다. 마케터는 열심히 손을 흔들어 도움을 청했다.

자전거를 탄 사람은 야윈 체구에 두꺼운 안경을 쓴, 다소 신경질적인 인상의 노인이었다. 마케터는 노인에게 자초지종을 설명하며 자신이 지금 어디에 있는지 물었다.
한참 이야기를 듣고 있던 노인이 갑자기 물었다.
"당신, 마케터 출신이죠?"
마케터는 깜짝 놀라 반가워하며 되물었다.
"맞아요! 그런데 우리가 전에 만난 적이 있나요? 혹시 어떤 컨퍼런스에서?"
노인은 1초의 망설임도 없이 바로 답했다.
"아뇨, 우리는 만난 적은 없어요. 하지만 내가 40년 동안 근무하면서 경험한 바로는 대책 없이 사고 치고 정신없이 돌아다니는 인간들은 대부분 마케팅팀 직원들이었어요."

그 말을 들은 마케터는 잔뜩 화가 났지만 당장 도움이 필요한 아쉬운 입장이어서 꾹 참았다. 그리고 다시 한번 그곳의 위치를 물었다. 그러자 안경 쓴 노인이 대답했다.

"여기는 동경 4도 81분, 북위 43도 95분입니다."

그 말을 들은 마케터는 갑자기 박장대소하더니 노인에게 되물었다.

"당신, 어카운턴트 출신이죠? 맞죠?"

그러자 안경 쓴 노인이 깜짝 놀라며 물었다.

"그걸 어떻게 알았죠?"

마케터가 웃으며 말했다.

"나도 마케팅 분야에서 40년 넘게 일하면서 알게 된 건데 온종일 숫자만 이야기하면서 떠들어도 정작 그게 무슨 의미인지조차 모르는 친구들은 대부분 회계팀 직원이더군요."

이 이야기를 단순히 상대방의 직무를 비꼬는 농담으로만 듣지 않기를 바란다. 조직에는 다양한 전문 분야와 일하는 방식을 가진 사람들이 함께 일한다. 마케터는 시장에서 기회를 찾기 위해 여러 가지 전략을 구상하고 실행하며 어카운턴트는 세상의 모든 숫자와 씨름하며 정확한 수치를 만들어내려고 노력한다. 이런 차이를 이해하고 존중할 때 진정한 협력이 가능하다.

조직 내에서 관계관리를 잘하기 위해 실천하는 방법이 하나 있다. 다른 팀의 실무자와 업무적인 이야기를 나눌 때 내일부터 자신이 상대방의 직무로 이동한다고 생각하며 대화하는 것이다. 그렇게 대화를 나누다 보면 자연스럽게 상대방의 입장에서 생각하게 되고 그들의 어려움과 고민을 더 깊이 이해할 수 있다. 그리고 어느 순간 상대방의 업무에 조금이라도 도움이 되는 방향으로 자기 생각과 행동이 변하는 것을 경험할 것이다. 결과적으로 이는 협업을 원활하게 하고 서로에 대한 신뢰와 존중을 강화하는 중요한 실천 방법이 될 수 있다.

조직은 서로 다른 시각과 역량을 가진 사람들이 조화를 이루며 협력할 때 성공하고 지속될 수 있다. 따라서 자신의 역할에만 갇히지 말고 다른 구성원의 입장과 관점을 이해하려는 노력이 필요하다.

역지사지의 태도야말로 건강한 협업과 효과적인 관계관리의 출발점이다.

✓ Checkmate

'역지사지'의 태도는 건강한 협업과 효과적인 관계관리의 출발점이다. 특히 다른 팀의 실무자와 대화할 때 내일부터 자신이 그 직무로 이동한다고 생각하며 대화해 보자. 이는 협업을 원활하게 만들고 신뢰와 상호 존중을 쌓는 데 매우 효과적인 실천 방법이다.

12

배달의 전설,
'번개'라고 불렸던 현장 전문가

    필자는 영업총괄 임원CSO으로 일할 때 신입 영업사원 교육의 첫 강의는 항상 직접 담당했다. 신입사원들에게 담당 임원의 생각과 회사의 영업 전략을 미리 공유하면 그들이 현장에서 일할 때 조금이라도 도움이 될 거라고 믿었기 때문이다. 강의할 때마다 현장 전문가의 사례로 자주 공유했던 이야기가 있다. 바로 '번개'라고 불렸던 중국집 배달원의 이야기다.

    번개는 약 20년 전 설성반점이라는 중국집에서 배달원으로 일했다. 그는 탁월한 배달 솜씨로 '번개'라는 별명으로 유명해졌고 나중에는 강사로도 활발히 활동했다고 알려져 있다. 필자가 번개의 존재를 알게 된 계기는 한 경제신문에 실린 특집기사 덕분이었다. 그 이야기를 정리하면 다음과 같다.

번개가 일하던 중국집은 고려대 근처에 있었다. 그 덕분에 고려대 교수들이 자주 짜장면을 주문했는데 그 과정에서 번개는 교수들의 주목을 받기 시작했다. 이유는 단 하나, 그의 놀라운 배달 속도 때문이었다. 주문한 지 불과 몇 분 만에 짜장면이 교수실에 도착했다. 교수들은 그 속도에 놀라며 주문이 들어올 것을 미리 알고 있었던 것은 아닌지 의문을 가졌다. 번개의 배달 방식은 신기했고 자연스럽게 궁금증을 불러일으켰다.

결국 하루는 교수 한 분이 번개에게 그 비법을 물었다. 그런데 번개의 대답은 더 흥미로웠다. 번개는 교수에게 이렇게 대답했다고 한다.

"교수님들이 왜 짜장면을 시키는지 궁금했어요. 경제적으로 여유 있고 학교에 교수식당도 있고 점심을 함께 먹을 동료들도 많을 텐데 굳이 배달을 시키는 이유가 궁금했어요."

그렇게 관찰을 시작한 번개는 교수들이 강의시간 사이 짧은 휴식 시간에 점심을 해결하기 위해 연구실로 주문한다는 것을 알아냈다. 그리고 교수들에게 가장 중요한 것은 음식의 맛이나 양이 아니라 배달 속도라는 것도 간파했다. 번개는 교수들의 니즈를 충족시키기 위해 고민을 거듭했다. 그리고 드디어 짜장면 배달 프로세스에 과감한 변화를 주기로 결정했다.

중국집에서 오랫동안 지켜온 선입선출First-In, First-Out 원칙, 즉 '먼저 주문한 고객에게 먼저 음식을 제공한다'라는 원칙을 고려대 교수들의 주문에 한해서는 예외로 적용했다. 교수들의 주문이 들어오면 즉시 최우선으로 처리했다. 이 방식으로 교수들은 놀라운 속도로 배달되는 짜장면을 받을 수 있었고 번개는 유명해졌다.

흥미로운 점은 다른 고객들의 음식이 조금 늦어질 수

> 도 있었지만 아무도 그 차이를 눈치채지 못했다는 것이다.
> 번개는 고객의 니즈를 정확히 파악하고 그것을 해결하는
> 방식으로 차별화된 서비스를 만들어낸 것이다.

이 이야기를 들은 고려대 교수는 번개의 아이디어에 감탄했다고 한다. 경영학을 공부해 본 적도 없는 중국집 배달원이 공급자가 아닌 고객 중심으로 생각하며 문제를 해결하는 방식에 놀란 것이다. 그래서 교수는 학생들에게 특강을 해달라고 번개에게 요청했고 그 강의를 계기로 번개는 유명 강사가 되었다고 신문 기사는 전했다.

번개의 이야기를 단순히 흥밋거리 에피소드 정도로만 치부한다면 본질을 놓치는 것이다. 당시 중국음식점 배달원들은 대부분 배달 일을 단순한 임시직 정도로 여기며 큰 의미를 두지 않았다. 하지만 번개는 달랐다. 직접 만나보지는 못했지만 여러 경로를 통해 들은 이야기를 종합해 보면 그는 자기 일에 가치를 부여하고 그 분야에서 최고의 전문가가 되겠다는 마음가짐으로 일했다.

번개는 단순히 짜장면을 배달한 사람이 아니라 고객의 니즈를 해결한 사람이었다.

그는 스스로 질문했다.

"고려대 교수들은 왜 짜장면을 주문할까?"

그리고 철저히 고객의 입장에서 고민했다.

"교수들에게 가장 필요한 것은 빠른 배달이다."

이 결론에 도달하기까지 번개는 문제를 관찰하고 분석하며 해답을 찾아가는 과정을 거쳤다. 그는 'WHY'를 먼저 생각하고 이어서 'HOW'를 찾아낸 진정한 현장 전문가 field expert였다.

번개의 이야기를 떠올리며 그야말로 우리들이 배워야 할 현장 전문가의 모습이라고 생각한다. 우리가 고객에게 전달하는 것이 무엇이든 고객의 니즈를 파악하고 최적의 해결책을 제공하는 것이 진정한 전문가의 자세일 것이다.

맡은 일이 무엇이든 자기 일에 가치를 부여하고 스스로 최고가 되기 위해 끊임없이 노력하는 모습은 언제 보아도 아름답다.

✓ **Checkmate**

현장 전문가는 언제나 'WHY'를 먼저 생각하고 그에 대한 'HOW'를 찾아내는 사람이다. 단순히 일을 처리하는 데 그치지 않고 고객의 니즈를 정확히 파악한 후 최적의 해결책을 제시하는 것이 진정한 전문가의 자세다. 전문가는 자기 일에 가치를 부여하고 그 분야에서 최고가 되기 위해 끊임없이 배우고 노력한다.

13

승진의 의미,
블록쌓기 게임에서 배운다

필자는 인사 담당 임원CHRO으로 일하면서 업무 특성상 직원들과 개별적으로 대화를 나누거나 그들의 이야기를 들어야 하는 시간이 많았다. 대부분의 상담 주제는 자기계발, 경력 개발, 이직 관련 고민이었지만 때때로 승진에서 밀려나거나 승진 기회가 없다고 느끼며 불만을 토로하는 직원들도 있었다.

회사는 최대한 공정한 평가를 위해 다양한 시스템을 도입해 운영한다. 인사의 객관성을 높이기 위해 정량적 평가 비중이 크지만 계량화하기 힘든 부분은 정성적 요소가 포함될 수밖에 없다. 인사 평가를 하면서 흥미롭게 느낀 점은 오히려 정성적 평가가 직원의 잠재력을 더 잘 보여주는 경우가 많다는 것이다. 숫자로 측정할 수 없는 태도, 성장 가능성, 리더십, 문제 해결 능력 같은 요소가 조직 내에서 장기적인 성공을 결정짓는 중요한 요인이 되기 때문이다.

승진에서 탈락한 직원과 면담할 때 필자는 블록쌓기 게임 이야기를 자주 한다. 조직에서의 승진과 이 게임의 성격이 매우 비슷하기 때문이다. 기초가 약하거나 급히 쌓은 탑은 몇 층 올라가다가 쉽게 무너진다. 기초와 균형이 불안정하기 때문이다. 반면, 기초부터 차근차근 단단히 쌓은 탑은 높이 올라가도 안정적으로 유지된다.

승진은 블록쌓기 게임과 같다

조직에서 요구하는 직무 역량과 경험이 충분하지 않은 상태에서 승진을 원하는 직원들을 종종 보게 된다. 이는 불안정한 기초 위에서 높이만 신경 쓰며 블록을 쌓는 것과 같다. 운 좋게 승진할 수도 있지만 더 중요한 문제는 그 자리가 요구하는 역할을 제대로 해낼 수 있느냐다. 아무 준비 없이 올라간 자리에서 버거움을 느끼고 시간이 지나면서 승진이 오히려 부담이 되어 결국 스스로 회사를 떠나는 경우도 적지 않다.

승진을 둘러싼 고민과 불만은 주로 동료와의 비교에서 비롯된다.

"저 사람은 승진했는데 왜 나는 안 되지?"
"저 사람이 할 정도면 나도 할 수 있지 않을까?"

하지만 여기서 중요한 사실 하나를 간과하게 된다. 경력 연수가 비슷하다고 해서 승진할 준비가 된 것은 아니다. 특히 승진한 동료가 새로운 직책에서 고전하는 모습을 보면서 "나도 저 정도는 할 수 있다"라고 생각하면 위험하다. 승진 후에도 현재와 비슷한 성과가 예상된다면 다음을 기다리는 것이 장기적으로 더 현명한 선택이 될 수 있다. 지금은 역량을 더 키워야 할 때인지도 모른다. 필자가 실제로 경험한 사례가 떠오른다.

> 한 직원이 있었다. 그는 입사 초기부터 뛰어난 성과 덕분에 동기들보다 승진이 빨랐다. 그러나 팀장이 된 후 팀을 이끌고 중요한 의사결정을 내려야 하는 역할에서 계속 어려움을 겪었다. 결국 그는 스트레스를 못 이기고 회사를 떠나는 선택을 했다.
>
> 반면, 그의 동기 중 한 명은 몇 년간 승진이 더뎠다. 그러나 그는 그 시간을 활용해 직무 역량을 꾸준히 쌓아갔다. 동료들과 관계를 잘 형성하고 다양한 경험을 쌓으며 다음 단계를 준비했다. 결과적으로 그는 임원 직책까지 승진하며 조직에서 중요한 역할을 맡아 자신의 임무를 훌륭히 수행했다. 겉으로는 늦어 보였지만 오히려 충분한 준비 시간을 가졌고 마라톤 레이스처럼 자신의 페이스를 유지하며 끝까지 완주할 수 있었다.

승진 후 새로운 역할에서 어려움을 겪는 것보다 지금 자리에서 충분히 준비하고 탄탄한 기초를 다지는 것이 훨씬 중요하다. 바뀐 명함과 연봉 인상이 당장은 매력적일 수 있지만 장기적인 커리어를 생각한다면 준비된 상태에서 리더 역할을 맡는 것이 더 현명한 선택이다. 여러분은 지금 어떤 기초를 쌓고 있는가? 눈앞의 승진에 초점을 맞추고 있는가, 아니면 긴 호흡으로 견고한 기반을 다지고 있는가? 커리어 여정은 단거리 경주가 아닌 마라톤 레이스다.

승진은 '얼마나 빨리'가 아니라 '어디까지 높이'가 중요하다. 전문 등반가처럼. 새로운 직책에서 지금보다 더 뛰어난 역량을 발휘할 수 있을 때 승진을 받아들여라. 이것이 '더 높이 더 길게' 가는 방법이다.

잠시 멈추고 지금 여러분이 어떤 방식으로 블록쌓기 게임을 하고 있는지 돌아보기 바란다.

✓ Checkmate

승진은 '얼마나 빨리'보다 '어디까지 높이' 갈 수 있느냐가 더 중요하다. 전문 산악인처럼 서두르지 않고 목표 지점을 향해 전략적으로 등정하는 것이 핵심이다. 새로운 직책에서 지금보다 더 뛰어난 역량을 발휘할 수 있을 때 승진을 수용하는 것이 맞다. 그것이 '더 높이 더 길게' 가는 길이다.

지금 자신이 어떤 방식으로 승진이라는 블록쌓기 게임을 하고 있는지 스스로 돌아볼 필요가 있다.

2부

강의실 밖 리더십

앞에서 실무자가 갖춰야 할 기본기를 여러 방면에서 짚어보았다. 이번에는 조직의 허리인 팀장의 이야기를 하려고 한다. 팀장은 실무자와 경영진을 연결하는 중간자 역할을 한다. 경영진의 전략을 이해하고 이를 실행으로 옮겨야 하므로 경영 전략과 리더십에 대해 끊임없이 고민해야 하는 위치에 있다.

오케스트라의 지휘자가 모든 악기를 연주자보다 더 잘 연주하는 것은 아니다. 하지만 훌륭한 지휘자가 이끄는 오케스트라는 청중에게 언제나 좋은 음악을 선사한다.

리더들에게 이렇게 조언해 주고 싶다. 기본적인 지식은 반드시 갖추되 리더십 이론에 매몰되지 않길 바란다. 오히려 다양한 경험을 통해 어떤 것이 훌륭한 리더십인지 스스로 찾아가는 과정이 필요하다. 단순히 일했던 시간의 누적을 경험이라고 착각해서는 안 된다. 고민하고 소통하고 해결한 시간의 축적이 진정한 경험이다. 결국 일이든 리더십이든 지혜가 필요하다.

'지혜=지식+경험'이다.

01

팔로워십이 먼저다

　리더십 교육에서 팔로워십 followership 이 소홀히 다루어지는 경우가 많아 개인적으로 아쉬움을 느낀다. 때로는 간단히 언급하는 수준에 그치거나 아예 생략하기도 한다. 안타까운 일이다. 리더와 팔로워를 분리해 접근하는 것은 바람직하지 않다. 오히려 팔로워십은 리더십의 전 단계이자 준비 과정으로 같은 흐름에서 이해하는 것이 타당하다.

　리더는 조직의 목표를 설정하고 구성원과 함께 그 목표를 달성하기 위해 노력하는 사람이다. 그 과정에서 구성원에게 동기를 부여하고 필요한 지원을 아끼지 않는 동료이기도 하다. 그렇다면 팔로워 없이 리더가 존재할 수 있을까? 즉, 팀원이 없는 팀장이 가능할까? 누구나 리더의 역할을 맡기 전에는 팔로워로서 리더와 함께 일하는 과정을 거친다. 훌륭한 리더는 좋은 팔로워의 경험을 바탕으로 성장한다.

학자들은 리더십이 인류의 역사와 함께 종교와 군대에서 시작되었을 거라고 주장한다. 종교 지도자와 군대 지휘관은 우리가 쉽게 접할 수 있는 대표적인 리더들이다. 하지만 이들도 처음부터 리더였던 것은 아니다. 대부분 평신도나 병사로 오랫동안 팔로워의 역할을 하고 그 과정에서 역량을 인정받아 리더로 추대되거나 선발되었을 것이다. 이후 종교 지도자와 군 간부를 체계적으로 양성하는 교육기관이 만들어졌고 엄선된 인원들이 상당한 시간 동안 팔로워의 위치에서 학습하고 경험을 쌓아 리더의 역할을 맡을 수 있었다.

필자가 경험한 장교 후보생 과정도 예외는 아니었다. 장교를 양성하는 과정이지만 전체 과정의 절반가량은 사병들이 받는 훈련과 유사한 프로그램으로 구성되어 있었다. 제식훈련부터 경계,

사격, 총검술, 각개전투, 분대 전투까지⋯ 이는 단순히 사병 훈련을 이해하라는 말이 아니다. 리더가 되기 전에 먼저 좋은 팔로워가 되는 법을 배우라는 뜻이다. 팔로워 과정이나 팔로워십을 가볍게 여기는 사람은 결코 제대로 된 리더가 될 수 없다.

팔로워십이란 조직과 리더에게 필요한 좋은 구성원이 되는 것을 의미한다. 즉, 조직의 목표를 달성하기 위해 리더와 협력하고 적극적으로 참여하는 행동과 태도가 바로 팔로워십이다. 팔로워십은 단순히 리더의 지시에 무조건 따르는 것이 아니다. 리더의 방향성에 대해 필요한 의견을 제시하고 스스로 책임감을 가지고 목표를 향해 노력하는 것이 진정한 팔로워십이다. 좀 더 풀어 설명하면 리더의 주요 역할이 방향성을 설정하는 것이라면 팔로워는 그 방향으로 실현하는 역할을 한다.

이처럼 리더와 팔로워는 실과 바늘의 관계다. 어느 한쪽이 더 중요하다고 단정짓는 것은 의미가 없다. 과거 조직에서는 순응형 팔로워를 선호했지만 오늘날 조직에서는 실행형 팔로워를 더 중요하게 여긴다. 실행형 팔로워란 독립적이고 비판적으로 사고하면서도 리더와 협력해 조직의 성공을 위해 능동적으로 행동하는 구성원을 뜻한다.

기업 조직이든 스포츠팀이든 성공하는 팀은 리더와 팔로워가 훌륭한 팀워크를 발휘한다. 좋은 리더가 좋은 팔로워를 만났을 때, 반대로 좋은 팔로워가 좋은 리더를 만났을 때 그 팀은 시너지 효과를 내며 건강한 에너지로 성과를 만들어낸다.

팔로워십을 절대로 가볍게 여기지 않기를 바란다. 팔로워십을 배우고 경험하는 과정에서 자연스럽게 리더십 단계로 이동하게 된다. 리더들은 좋은 팔로워와 함께 일하고 싶어 한다. 팔로워십이 뛰어난 직원은 업무 성과도 우수하기 때문이다. 또한, 리더의 역할 중 하나는 다음 세대를 위해 새로운 리더를 찾아내 육성하는 것이다. 자신의 역할을 성실히 수행하는 후배에게 성장할 기회를 주고 싶어 하는 것이 리더의 마음이다. 좋은 리더가 되고 싶다면 먼저 좋은 팔로워가 되어야 한다. 그것이 리더로 성장하는 길이다.

속된 표현이지만 바닥부터 박박 기어봐야 부하직원의 어려움과 그들의 마음을 진정으로 이해할 수 있다. 결국 팔로워의 마음을 이해하는 사람, 그래서 구성원의 마음을 얻을 수 있는 사람이 진정한 리더다.

✓ Checkmate

좋은 리더가 되고 싶다면 먼저 좋은 팔로워가 되어야 한다. 그것이 리더로 성장하는 첫걸음이다. 팔로워십이란 조직의 목표 달성을 위해 리더와 협력하고 적극적으로 참여하는 태도와 행동을 의미한다. 이 과정을 거치면서 팔로워는 자연스럽게 리더십의 단계로 나아가게 된다. 결국 좋은 리더와 좋은 팔로워가 만날 때 팀은 진정한 시너지를 발휘하며 건강한 성과를 만들어낼 수 있다.

02

전투병과학교의 슬로건,
거기에 답이 있다

리더십은 어느 조직에서나 늘 관심의 중심에 있는 주제다. 수많은 리더십 서적이 출간되어 유익한 정보를 제공하며 다양한 교육기관에서 리더십을 주제로 강의하고 세미나와 워크숍도 끊임없이 열리고 있다. 기업에서도 리더십 교육을 사내 필수 프로그램으로 운영한다. 그런데도 리더십이 끊임없이 화두가 되는 것을 보면 그만큼 어려운 주제이거나 우리가 리더십을 이해하고 접근하는 방식에 근본적인 문제가 있는 것 같다는 생각이 든다.

필자는 여러 가지 이유로 직원들과 리더십에 대한 생각과 경험을 나누는 시간을 자주 가져왔다. 참가자들은 리더십에 대해 서로 질문하고 자신의 경험을 공유하고 피드백을 주고받는 방식으로 논의를 이어갔다. 대부분의 참가자들은 각자의 방식으로 리더십을 정의하고 있었고 동시에 나름 고민도 가지고 있었다. 이런 토론을 계속 가지면서 리더십을 어떻게 좀 더 쉽고 간결하게 설명할 수 있을지 고민이 깊어졌다.

그러던 어느 날 ROTC 동기 모임을 마치고 돌아오던 차 안에서 속으로 "유레카!"라고 외쳤다. 우리나라에서 리더십을 가장 먼저 체계적으로 교육한 곳은 군대일 거라는 생각이 스쳐 지나갔다. 군대생활의 기억을 떠올리면서 리더십의 핵심을 더 쉽고 간결하게 설명할 수 있는 실마리를 찾은 순간이었다.

육군 소위로 임관하면 신임 장교들은 병과학교에서 반드시 초등군사반 교육을 받아야 한다. 보병학교, 포병학교, 기갑학교, 공병학교, 통신학교 등이 있으며 각 병과 학교마다 자신들의 핵심 가치를 함축적으로 표현한 슬로건이 있었다. 이 슬로건은 병과 휘장과 함께 전투복에 항상 부착되어 있었다. 강산이 네 번 이상 바뀔 만큼 시간이 흘렀지만 소위 계급장을 단 그 시절의 제복을 떠올리며 기억을 되살려 본다. 다섯 개 전투병과학교의 슬로건은 다음과 같다.

> 보병학교: "나를 따르라"
> 포병학교: "알아야 한다"
> 기갑학교: "내 생명, 전차와 함께"
> 공병학교: "시작과 끝은 우리가"
> 통신학교: "통하라"

이 슬로건들을 리더십 관점에서 차분히 살펴보니 리더십에서 강조하는 핵심 가치들이 모두 담겨 있었다.

보병학교: "나를 따르라"

보병학교의 슬로건 "나를 따르라"는 리더가 앞장서서 행동하라는 의미다. 솔선수범은 구성원의 신뢰와 동기를 이끌어내는 기본 요소다. 보병 전투에서 소대장이 앞장서지 않는다면 어느 병사가 적진으로 나아가겠는가?

조직에서도 마찬가지다. 리더는 말이 아닌 행동으로 보여주어야 한다. 솔선수범하는 리더가 있는 조직은 저절로 신뢰와 동기부여가 따라온다.

포병학교: "알아야 한다"

포병학교의 "알아야 한다"는 리더가 자신의 분야에서 전문가가 되어야 한다는 의미다. 전문 지식을 갖춘 리더만 어떤 상황에서도 올바른 해결책을 제시할 수 있다.

조직을 어렵게 만드는 리더를 빗대어 '무부소강직'이라는 말을 쓴다. 무식하고 부지런하고 소신 있고 강직하고 직급이 높은 사람을 뜻하는 신조어다. 가장 나쁜 케이스다. 맨 앞에 '무(無)', 즉 '무식'을 둔 것은 그 부정적 영향이 가장 크기 때문일 것이다.

포병은 수십 킬로미터 밖에서 대포로 적을 타격하는 부대다. 적의 좌표, 포대 좌표, 사격 방향, 사거리, 기상 조건 등을 정확히 알아야 한다. 그렇지 않으면 아군에게 포탄이 떨어지는 최악의 상황이 발생할 수도 있다. 따라서 포병학교는 "알아야 한다"라는 메시지를 끊임없이 강조하는 것이다. 이는 리더에게도 똑같이 적용되는 원칙이다.

기갑학교: "내 생명, 전차와 함께"

기갑(기계화)학교의 "내 생명, 전차와 함께"는 조직에 대한 애정과 헌신을 의미한다. 리더는 조직과 조직원을 진정으로 사랑해야 한다. 자신의 조직을 사랑하지 않고 헌신하지 않는다면 그것은 가짜 리더십이다.

기갑부대는 전차 단위로 기동하고 전투를 수행한다. 좁은 공간 속에서 전차 승무원들은 문자 그대로 생사고락을 함께한다. 기갑 장병들에게 탱크는 단순한 장비가 아닌 자신이자 동료다. 그래서 "내 생명, 전차와 함께"라는 비장한 슬로건이 탄생한 것이다. 리더도 조직과 동료를 자기 몸처럼 여기며 함께 해야 한다.

공병학교: "시작과 끝은 우리가"

공병학교의 "시작과 끝은 우리가"는 힘들고 위험한 일은 리더

가 먼저 시작하고 마무리까지 책임진다는 의미다. 이를 영어로 표현하면 "First In, Last Out"이다. 즉, 리더가 가장 먼저 위험지역에 들어가고 임무가 끝난 후 맨 마지막에 나온다는 뜻이다.

공병이 수행하는 다양한 임무 중 가장 위험한 것은 지뢰 제거 작업일 것이다. 보병이 전진하려면 공병이 먼저 나서서 지뢰를 제거해야 한다. 그 순간 리더는 맨 먼저 위험지역 안으로 들어가야 한다. 그리고 작전이 끝나면 부하들부터 모두 내보내고 마지막으로 그곳에서 벗어나야 한다. 이것이 진정한 리더의 모습이다.

통신학교: "통하라"

통신학교의 "통하라"는 커뮤니케이션, 즉 부대 간 소통의 중요성을 강조하는 메시지다. 통신병과의 역할은 정보를 전달하고 부대 간 연결을 유지하는 것이다. 전쟁 영화에서 무전기가 고장나거나 전화선이 절단되는 순간 전투에 치명적인 차질이 생기는 장면을 자주 볼 수 있다. 전장에서 통신의 목표는 단순하다. 무조건 통하게 만드는 것이다.

제대로 된 소통 없이는 어떤 리더십도 의미가 없다. 구슬이 서 말이라도 꿰어야 보배다. 아무리 뛰어난 리더라도 자기 생각이 구성원들에게 제대로 전달되지 않으면 그 리더십은 공허한 메아리에 불과하다. 소통하지 못하는 리더십은 실패할 수밖에 없다.

리더십의 핵심을 관통하고 있는 육군 전투병과학교의 슬로건들을 다시 한번 외쳐본다.

"나를 따르라"

"알아야 한다"

"내 생명, 전차와 함께"

"시작과 끝은 우리가"

"통하라"

이 다섯 가지 메시지는 단순한 구호가 아니다. 모든 조직과 팀에 반드시 필요한 리더십의 본질을 담고 있다.

✓ Checkmate

리더십을 가장 먼저 가장 집중적으로 교육하는 곳은 바로 군대다. 군 간부를 양성하는 육군전투병과학교의 슬로건은 각 병과가 중시하는 리더십의 핵심 가치를 상징적으로 담고 있다.

보병학교의 "나를 따르라"는 솔선수범, 포병학교의 "알아야 한다"는 지식, 기갑(기계화)학교의 "내 생명, 전차와 함께"는 조직에 대한 애정과 헌신, 공병학교의 "시작과 끝은 우리가"는 위험에 대한 책임, 마지막으로 통신학교의 "통하라"는 커뮤니케이션의 중요성을 각각 강조한다.

이처럼 각 병과학교의 슬로건은 군 리더십의 가치와 철학을 간결하면서도 강력히 전달하며 이는 일반 조직에서도 충분히 적용할 수 있는 실천적 교훈이 된다.

03

팀장 리더십의 핵심, 3C 2S

새로운 보직을 맡으면 직원들과 인사를 나눈 후 곧바로 산하 조직 임원 및 팀장과 본부 경영회의를 시작한다. 본부회의는 미리 정해진 일정에 따라 매주 진행하는 것을 원칙으로 했다. 이 회의는 현안을 파악하고 정보를 공유하며 의사결정을 위해 토론하는 매우 요긴한 경영활동인 동시에 참석자들에게는 가장 현장감 넘치는 교육의 장이다.

필자는 주간 단위로 운영되는 본부회의를 통해 참석자들의 업무 역량과 소통 능력을 파악할 수 있었다. 회의를 거듭하면서 향후 리더로 성장할 수 있는 인재를 발견할 수 있었고 누가 어느 부분을 더 보완해야 하는지도 자연스럽게 알 수 있었다.

항상 그렇듯이 새로 부임한 후 첫 번째 회의에서는 필자가 생각하는 경영 원칙을 리더들과 미리 공유한다. 이는 임원이나 팀장들이 새로 부임한 상사를 파악하는 데 소비하는 시간과 노력을 줄여 본연의 업무에 더 집중할 수 있도록 하기 위해서다. 또한, 함께 일할 상사가 어느 부분을 중시하는지를 미리 알면 불필요한 혼선이나 갈등을 예방하는 데도 도움이 된다. 이 회의에서 필자가 지향하는 리더십과 경영의 원칙을 집중적으로 공유했다. 그 내용을 '3C 2S'라는 신조어로 다시 정리했다.

3C 2S는 다음 다섯 가지 요소의 첫 글자를 조합한 것이다.

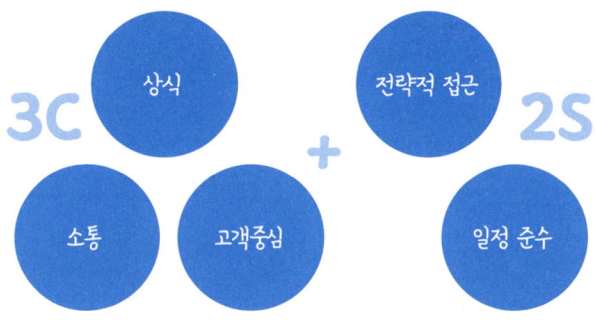

이 다섯 가지 원칙을 염두에 두고 조직을 이끌어 나간다면 누구나 좋은 리더이자 훌륭한 관리자가 될 수 있다. 특히 리더인 동시에 현장을 관리하는 팀장과 임원들은 이 원칙을 이해하고 실천한다면 즉각적인 성과를 체감할 수 있을 것이다. 이제 각 원칙을 하나씩 구체적으로 살펴보자.

ⓒ (Common Sense, 상식)

상식이 통하는 조직을 만들어야 한다. 필자의 경험에 의하면 대부분 문제는 상식적인 판단만으로도 충분히 해결할 수 있다. 중요한 것은 주변 눈치를 보거나 개인적 이해관계를 따지는 것이 아니라 전체 팀원의 시각에서 결정하는 것이다. 그러면 대체로 올바른 방향을 찾을 수 있다. 물론 특수한 상황에서는 리더의 직관적 결단이 필요할 때도 있다. 하지만 그런 경우는 전체 의사결정의 5%도 채 되지 않는다. 상식적인 의사결정은 조직원들의 공감을 얻기 쉽다. 설령 모든 구성원을 만족시킬 수 없더라도 상식적인 접근을 하면 상대방이 이해하고 받아들이기 쉬워진다. 결국 상식이 통하는 조직이야말로 건강하고 강한 조직이다.

C (Communication, 소통)

소통이 원활하면 오해가 이해로 바뀌지만 소통이 부족하면 예상치 못한 곳에서 오해가 생긴다. 리더는 무엇을what 누구에게who 어떻게how 전달할지 끊임없이 고민해야 한다. 우리 조상들도 "말 한마디로 천 냥 빚을 갚는다"라는 속담을 통해 소통의 중요성을 강조했다.

필자의 경우, 함께 일하는 구성원이 100명을 넘으면 주요 경영 정보나 업무 진행 내용을 이메일로 전체 구성원과 직접 공유했다. 물론 임원이나 팀장을 통해 전달될 수도 있지만 전체적으로 동일한 정보를 공유해야만 오해를 줄이고 조직의 이해도를 높인다는 확신 때문이었다. 소통이 원활한 조직에서는 정보의 흐름이 명확하고 업무 효율성도 높아진다.

C (Customer Centric, 고객 중심)

고객이 없다면 조직도 구성원도 존재할 이유가 없다. 여기서 고객이란 외부 고객뿐만 아니라 내부 고객도 포함한다. 리더는 고객의 니즈를 파악하고 서비스 제공이나 협력을 적극적으로 지원해야 한다. 사정이 여의치 않다면 상대방에게 그 이유를 명확하고 솔직하게 설명해야 한다. 역지사지와 황금률을 적용해 상대방을 지원하면 된다. 언젠가는 나도 다른 사람에게 협력을 요청할 수 있기 때문이다. 외부 고객이든 내부 고객이든 고객이 내 주변에서 사라지면 나도 결국 사라진다. 그 시차만 있을 뿐이다.

S (Strategic Approach, 전략적 접근)

생각하며 일하라.

"머리는 생각하라고 있는 것이지 미용사를 위해 있는 것이 아니다." 이는 단순한 농담이 아니라 전략적 사고의 중요성을 강조한 말이다. 일을 진행할 때는 다음 여섯 가지 요소(육하원칙)를 반드시 고려해야 한다. 그리고 일하는 흐름에 맞게 순서를 조정하는 것이 중요하다.

여기서 'Who'를 담당자가 아닌 '챔피언'이라고 표현한 이유는 책임과 권한을 함께 부여해야 하기 때문이다. 전략적 사고를 갖추고 이 육하원칙을 적용하면 업무 수행이 훨씬 체계적으로 이루어진다.

Why 이유	이 일을 왜 하는가? 목적과 이유를 명확히 해야 한다.
▼	
What 결과물	최종 결과물은 무엇인가? (보고서, 프레젠테이션, 실행 계획 등)
▼	
How 방법론	이 일을 어떤 방식으로 수행할 것인가?
▼	
When 스케줄	언제까지 완료해야 하는가? 일정 계획과 마감 기한을 설정해야 한다.
▼	
Who 챔피언	누가 이 일을 맡아야 하는가? (단순 담당자가 아닌 '챔피언'을 지정)
▼	
Where 장소/외주 여부	이 작업을 어디서 수행할 것인가? 또는 외주(outsourcing)가 필요한가?

육하원칙을 이용한 업무 플로우차트

S (Scheduling, 일정 준수)

스케줄을 맞추지 못한 결과물은 유통기한이 지난 음식과 같다. 아무리 좋은 결과물도 쓰레기가 될 가능성이 크다. 기업에서 진행되는 모든 일에는 기한이 있다. 따라서 스케줄 관리는 필수적이며 업무를 수행하는 '챔피언'이 주도적으로 관리해야 한다. 진행 과정에서 일정이 정상적으로 진행되고 있는지 지속적으로 점검해야 한다. 불가항력 상황에 대비해 챔피언의 시간을 예비로 설정하는 것이 바람직하다.

챔피언이 스케줄을 리딩해야 한다. 챔피언이 스케줄에 끌려다니면 그 일은 100% 실패한다. 즉, 일정 관리는 업무 성공의 핵심 요소이며 이를 효과적으로 운영하는 것이 리더와 관리자의 필수 역량이다.

이 다섯 가지는 누구나 알고 있는 개념이지만 누구나 실천하는 것은 아니다. 결국 어떻게 효과적으로 그리고 효율적으로 실행하느냐가 성공적인 리더로 성장하는 열쇠가 된다.

✓ Checkmate ─────────────────────────

팀장의 리더십에 필요한 핵심 요소는 '3C 2S'로 정리할 수 있다. 이 원칙을 지키며 조직을 이끌면 신뢰받는 리더로 성장할 수 있다.

새로운 업무를 부여받았을 때는 단순히 지시하기 전에 육하원칙에 따라 멘탈 시뮬레이션을 해보는 것이 효과적이다. 사전에 구조화된 사고를 거쳐 업무를 지시한다면 팀원들은 더 명확하고 효율적으로 과업을 수행할 수 있다.

결국 좋은 리더십은 준비된 사고에서 시작된다.

a
04

팀장 리더십의 정석, 건설현장의 '십장'에게 배운다

리더십을 공부할 때 거창한 세미나나 유명한 교과서에 의존할 필요는 없다. 관심만 있으면 주변 일상에서 훌륭한 리더십 사례를 발견하고 배울 수 있다. 건설 현장의 십장 리더십은 대표적인 현장 리더십의 사례다. 그들은 복잡한 이론을 몰라도 경험과 소통으로 팀을 이끌고 뛰어난 성과를 만들어낸다.

건설 현장에서 현장 근로자 한 그룹을 이끄는 팀장을 십장이라고 불렀다. 성경에 등장하는 병사 100명을 지휘하는 백인 대장 centurion처럼 십장은 약 열 명의 근로자를 이끄는 십인 대장이다.

건설 현장의 성과, 즉 공정률과 품질을 결정짓는 가장 중요한 요소는 바로 '십장'이다. 십장은 현장 근로자를 직접 채용하고 교육하고 지시하고 감독하는 리더다. 이는 군대에서 약 열 명의 병사로 구성된 분대의 분대장 역할과 비슷하다. 또한, 조직이론에서 적정한 통제 범위를 열 명 내외의 인원으로 설명하는 것과도 일맥상통한다.

이른 새벽 지하철역 주변에서 승합차에 근로자들을 태우는 신세대 십장의 모습을 종종 볼 수 있다. 팀원들이 건설 현장으로 더 편안하게 출근하도록 배려하는 모습이다. 현장에서 십장은 단순한 관리자 이상의 역할을 한다. 그는 초보 근로자에게 작업의 기본기를 가르치고 자신의 경험과 노하우를 아낌없이 공유한다. 단순히 지시만 내리는 것이 아니라 어려움을 겪는 인부가 있으면 직접 함께 일하며 도움을 준다. 이런 십장이 이끄는 팀은 어떤 현장에서도 높은 평가를 받는다. 이는 단순히 생산성 때문만은 아니다. 팀원들이 그의 리더십 아래에서 스스로 성장하고 서로 협력하고 자부심을 갖고 일하기 때문이다.

십장은 관리자인 현장소장과 근로자 사이에서 중간자 역할을 한다. 그는 업무 지시를 비롯한 모든 커뮤니케이션을 책임지고 실무자들에게 직무 교육을 한다. 또한, 현장에서 문제가 발생하면 해결사 역할을 한다. 매일 작업 내용을 설명하고 지시하고 공사 진행 과정에서 오류를 찾아내 더 나은 방안을 제시한다. 하루 작업이 끝나면 팀원들과 어울려 저녁 식사를 함께하거나 간단한 술자리를 가지며 근로자들의 고충을 듣고 조언하기도 한다. 십장의 이런 역할은 리더십 강의에서 설명하는 전형적인 리더의 모습과 일치한다.

이런 십장의 사례는 리더가 단순히 성과를 관리하는 상사가 아니라는 것을 보여준다. 진정한 리더는 팀원의 성장을 도와주고 이를 통해 조직이 지향하는 가치를 높인다.

요즘은 '업무 프로세스'라는 영어식 표현에 익숙하지만 윗세대에게는 '일머리'라는 단어가 더 친숙할 것이다. "일머리를 잘 튼다", "일머리가 시원찮다"라는 표현을 자주 사용했는데 이는 업무를 효율적으로 수행하거나 그러지 못했을 때 쓰던 말이다.

비슷한 인력을 투입했더라도 십장의 '일머리'에 따라 팀의 성과는 극명하게 달라진다. 어떤 팀은 작업을 일찍 마치고 여유로

운 저녁 시간을 갖는 반면, 다른 팀은 늦게까지 잔업을 해도 계획된 공정을 끝내지 못하기도 한다. 이 차이를 만드는 것이 바로 '일머리'다.

건설 현장에서 '일머리', 즉 일하는 방식은 업무 프로세스, 우선순위 설정, 문제 해결 능력과 밀접한 관련이 있다. 이는 십장의 지식, 경험, 직관에 의해 결정된다. 요즘 용어로 표현하면 이는 전략, 기획, 운영 관리, 인력 관리, 리스크 관리 등 다양한 경영학 개념이 합쳐진 것이다. 십장들은 '프로세스'나 '전략' 같은 용어를 몰라도 경험과 직관으로 맡은 일을 효율적으로 수행하는 역량이 있었다. 그들은 단순한 현장 관리자가 아닌 진정한 리더이자 코치였고 오늘날 기업이 요구하는 이상적인 중간관리자였다.

리더십은 책으로만 배우는 것이 아니다. 진정한 리더십을 배우려면 현장에서 리더십을 실천하는 선배를 찾아가 관찰하고 배워야 한다. 전문가의 업무를 옆에서 관찰하며 배우는 잡 섀도잉 job shadowing을 하듯이 그들의 말과 행동에서 리더십을 직접 체득하는 것이 가장 효과적인 방법이다.

✓ Checkmate

건설 현장의 성과, 즉 공정률과 품질을 좌우하는 핵심적인 요소는 바로 '십장'이다. 현장에서 일하는 방식은 십장의 지식, 경험, 직관, 즉 '일머리'에 의해 좌우된다. 십장은 단순한 현장 관리자에 그치지 않고 리더이자 코치로서 팀원의 성장을 이끌고 조직의 가치를 높이는, 기업이 요구하는 이상적인 중간관리자의 모델이다.

리더십은 책으로만 배울 수 없다. 진정한 리더십은 현장에서 그것을 실천하는 선배를 관찰하고 배우는 과정을 통해 체득된다. 그들의 말과 행동 속에 녹아 있는 리더십을 가까이서 경험하는 것이야말로 가장 현실적이고 효과적인 학습 방법이다.

05

팀장의 커뮤니케이션, 소통부터 설득과 협상까지

팀장은 일선 관리자 1st line manager라고도 불린다. 이는 팀장이 현장에서 직원들과 함께 일하며 그들을 지원하고 관리하는 역할을 하기 때문이다. 업무 특성상 팀장은 같은 공간에서 팀원들과 대부분의 근무시간을 보낸다. 스포츠팀의 '플레잉 코치 playing coach'와 비슷한 역할이다. 이런 이유로 팀장의 업무에서 커뮤니케이션이 차지하는 비중은 상대적으로 높다. 단순한 정보 전달을 넘어 면담, 설득, 협상과 같은 다양한 소통 역량이 요구된다.

팀장은 직무의 성격상 직접 얼굴을 마주하고 소통하는 경우가 많아 대면 커뮤니케이션이 중심이 된다. 대면 커뮤니케이션은 메시지 전달이 쉽고 대체로 명확하다는 장점이 있다. 그러나 서로 얼굴을 마주하므로 비언어적 요소가 소통에 부정적인 영향을 미칠 가능성도 크다. 다만, 소통 횟수가 증가할수록 이런 오해는 줄어든다.

사람은 본능적으로 대화를 통해 상대방의 진정성을 알아차리는 능력이 있다. 따라서 소통하는 시간이 길어지고 대화 횟수가 늘어날수록 상대방의 본심을 더 잘 느끼게 된다.

대면 커뮤니케이션의 성공은 첫 만남, 즉 첫인상으로 결정된다고 해도 과언이 아니다. 팀장에 걸맞은 옷차림과 단정한 외모는 상대방에게 신뢰감을 주며 원활한 커뮤니케이션을 이끌어낸다. 그리고 팀원들은 자연스럽게 팀장의 모습을 따라 하며 점점 닮아간다. 커뮤니케이션 방식도 마찬가지다. 팀장이 사전에 철저히 준비하는 모습을 보여주면 팀원들도 다른 직원이나 고객과 소통할 때 팀장을 본받아 준비하는 습관을 갖게 된다. 리더의 행동은 말보다 강력한 메시지를 전달한다.

팀장의 소통 방식은 실무자의 소통과 여러 면에서 다르다. 실무자의 소통은 메시지의 정확한 전달과 이해가 핵심이다. 하지만 팀장은 관리자의 역할이 요구되므로 일반적인 소통 능력뿐만 아니라 설득과 협상 역량도 필요하다. 특히 어떤 상황에서도 거짓말은 절대로 해서는 안 된다. 너무 당연하게 들리지만 이를 간과해 심각한 문제가 발생하는 경우가 많다. 거짓으로 설득하고 협상하면 어떻게 될까? 단기적으로는 효과가 있을지 모르지만 장기적으로는 반드시 재앙이 되어 돌아온다.

팀장의 커뮤니케이션

설득이란 상대방이 내 의견에 동의하도록 영향을 미치는 과정이다. 하지만 여기서 놓쳐서는 안 되는 점이 있다. 설득을 위해서는 내가 먼저 상대방에게 다가가야 한다. 이것이 바로 상대방을 이해하고 공감하는 태도다. 자기 생각을 강력 접착제로 고정한 채 상대방이 다가오기를 기다리는 것은 설득의 올바른 태도가 아니다. 말로만 설득하는 사람은 '하수'이고 경청하며 설득하는 사람은 진정한 '고수'다. 상대방의 이야기를 경청하면 그 안에서 설득 포인트를 찾을 수 있다. 심지어 상대방이 이야기하는 도중에 스스로 자신의 의견을 바꾸는 경우도 많다. 설득은 강요가 아니라 상대방이 스스로 생각을 바꿀 수 있도록 방향을 틀어주는 과정임을 기억하자.

협상은 설득과 다르다. 설득이 상대방의 동의를 이끌어내는 과정이라면 협상은 처음부터 중간점, 즉 타협점을 찾아가는 과정이다.

"빨리 가려면 혼자 가고 멀리 가려면 함께 가라."

우리에게 친숙한 아프리카 속담이다. 협상도 마찬가지다. 협상은 철저히 이성적으로 접근해야 하며 양보조차 더 큰 양보를 얻기 위한 전략적 수단으로 활용해야 한다. 협상에서 가장 중요한 것은 상대방이 진정으로 필요로 하는 것을 파악하는 것이다. 상대방이 인지하지 못했던 필요성을 스스로 깨닫게 해주는 것도 강력한 협상 전략이다. 이렇게 하면 협상을 유리한 방향으로 이끌어 갈 수 있다. 상대방이 원하는 것을 얻고 나도 원하는 것을 얻는 것이 가장 이상적인 협상이다. 그래서 협상은 철저한 사전 준비가 필요하다.

BATNA Best Alternative to a Negotiated Agreement는 협상이 결렬되었을 때 내가 확보할 수 있는 최선의 대안이다. BATNA가 정리되어야 협상에서 양보할 수 있는 마지노선을 미리 결정할 수 있다. 협상 과정에서 상대방의 BATNA를 파악하려는 노력도 필수적이다. 이런 과정을 철저히 준비하면 상대방이 원하는 것을 얻고 나도 원하는 것을 얻는 '이상적인 협상'이 가능하다.

통신기술의 발달과 함께 다양한 형태의 비대면 커뮤니케이션이 증가하고 있다. 특히 코로나 팬데믹 시기를 거치면서 화상회의가 일반화되었고 규모가 큰 기업에서는 같은 빌딩에 있으면서도 화상회의로 소통하는 경우가 많다. 비대면 소통이 늘어나면서 전화 커뮤니케이션에서도 주의할 점이 있다. 얼굴이 안 보여도 대화가 진행되면서 상대방의 감정을 느낄 수 있다. 상대방이 대화에 성실히 집중하는지, 다른 일을 하면서 건성으로 듣는지 안 보여도 충분히 감지된다. 그러므로 가장 중요한 것은 진정성이다. 진심으로 참여하고 상대방을 배려하는 소통을 해야 한다. 보이지 않는다고 해서 자세가 흐트러지거나 대화에 소홀해서는 안 된다. 상대방이 이를 알아차릴 수 있다는 것을 늘 명심해야 한다.

✓ Checkmate

팀장은 단순한 소통을 넘어 설득과 협상까지 아우르는 한 단계 높은 커뮤니케이션 역량을 갖춰야 한다. 설득은 강요가 아니라 상대방이 스스로 생각을 바꿀 수 있도록 방향을 틀어주는 과정이며 협상은 처음부터 서로의 중간점, 즉 타협점을 찾아가는 합의 과정이다.

무엇보다 중요한 것은 진정성 있는 소통이다. 진심으로 대화에 참여하고 상대방을 배려하는 태도야말로 신뢰와 공감을 이끄는 소통의 출발점이다.

06

조직을 망가뜨리는 지름길, 반대로 행동하라

　새로운 리더가 부임해 기존 조직을 더 나은 방향으로 변화시키려면 막대한 노력과 시간이 필요하다. 하지만 반대로 나름 안정적이던 조직이 새로운 리더가 등장한 이후 급속도로 무너지는 모습도 자주 목격된다. 필자는 인사 총괄 임원CHRO으로서, 사내의 한 조직이 급격히 쇠퇴하는 모습을 볼 때마다 "도대체 어디서부터 문제가 시작된 걸까?"라는 깊은 의문에 빠지곤 했다.

　회사는 체계적인 프로세스를 거쳐 새로운 리더를 선발하고 보직을 부여한다. 후보자에 대한 사전 검토와 면접을 여러 번 진행하고 심사숙고 끝에 리더를 선정한다. 그럼에도 불구하고 새로운 리더가 부임한 후 조직이 혼란을 겪고 결국 붕괴하는 모습을 보면 당혹스러울 수밖에 없다. 여러 방면에서 고민을 거듭했지만 무엇이 문제이고 이를 어떻게 예방할 수 있을지는 여전히 중요한 숙제였다.

이런저런 고민 끝에 경험 많은 팀장들과 임원들에게 거꾸로 질문하기 시작했다. "어떻게 하면 조직이 잘 운영될까?"가 아니라 "어떤 경우에 조직이 쉽게 망가지는가?"라고 질문하였다. 그 결과, 다양한 이야기를 들었고 상당히 의미 있는 힌트도 얻었다. 그때의 고민과 경험을 바탕으로 조직을 망가뜨리는 리더의 행동과 언어를 말하려고 한다.

조직을 망가뜨리는 리더는 공통적으로 부정적인 언어와 행동 패턴을 가지고 있다. 자신은 이를 인지하지 못할 수 있지만 구성원들은 분명히 감지한다. 그의 말과 행동은 구성원들의 사기를 떨어뜨리고 조직을 분열시키고 신뢰와 성과에 심각한 타격을 준다. 잘못된 리더의 언어와 행동은 단순한 실수가 아니라 구성원과 조직에 회복하기 힘든 깊은 상처를 남긴다.

무너지는 조직에서는 특정한 언어 패턴을 사용하는 보스가 자주 발견된다. 특히 일부 보스는 일을 지시할 때 "내가 시키는 대로 해."라는 말을 반복한다. 이 일이 왜 필요한지, 어떤 결과물이 요구되는지에 대한 아무 설명도 없이 무조건 시키는 대로만 하라고 지시한다. 실무자는 미리 준비하고 계획을 세울 기회조차 없이 막연한 상태로 업무를 수행해야 한다. 일의 방향을 잡기 어려울 뿐만 아니라 시작하기 전부터 기분이 상하는 경우가 많다. 이렇게 시작된 일이 제대로 진행될 리 없다. 실무자는 나중에 질책받지 않을 정도로만 일을 수행하고 업무 도중 위험 요소가 보여도 굳이 공유하려고 하지 않는다. "시키는 대로만 했으니 내 책임이 아니다."라고 생각하기 때문이다. 보스의 이런 언어는 조직을 망가뜨리는 결정적인 요소다.

　　이런 언어를 구사하는 보스는 나중에 "나는 그렇게 시키지 않았다."라고 우기거나 자신이 지시한 사실 자체를 잊어버리는 경우도 많다. 이런 황당한 상황을 몇 번 겪고 나면, 실무자는 더 이상 업무 효율성을 고민하지 않고 보스의 지시를 따랐다는 근거를 남기는 데 집중하게 된다. 이쯤 되면 조직이 어느 방향으로 흘러갈지 굳이 말하지 않아도 명확하다.

회의가 끝나기 무섭게 다시 회의해야 한다는 이야기를 들어본 적 있는가? 개그 소재로 써도 될 만큼 황당한 일이지만 실제로 있었던 이야기다. 필자가 함께 일했던 한 임원의 사례다.

> 일반적으로 임원들은 주간 단위로 팀장들과 함께 업무 진행 상황을 점검하고 필요한 정보를 공유하는 정기 회의를 한다. 그 임원도 예하 팀장들과 함께 매주 정기적으로 회의를 운영했다. 회의는 최소 2시간가량 진행되었고 회의가 끝나면 팀장들만 따로 모여 또 다른 후속 회의를 열었다. 겉으로 보기에는 앞선 회의에서 논의된 사안을 실무적으로 조율하는 자리로 보였지만 실상은 달랐다. 팀장들이 다시 모인 이유는 앞선 회의의 내용을 이해하기 위해서였다. 2시간 동안 진행된 회의에서 그 임원은 거의 혼자서만 말했다. 팀장들이 의견을 말할 시간조차 부족했고 더 난감했던 것은 임원의 발언에서 핵심을 파악하기 어려웠다는 점이다.
> "이 일을 하라는 건가?"
> "다음에 다시 검토하자는 건가?"

> 아무도 확신할 수 없었다. 결국 회의 후 또다시 회의를 열어 퍼즐 맞추듯 임원의 말을 해석하는 시간이 필요했다.
> 한 팀장은 "고승의 선문답을 이해하는 것보다 어렵다."라는 말까지 남겼다.

리더의 언어는 조직을 움직이는 힘이다. 리더의 말 한마디에 수백 수천 명의 구성원이 영향을 받는다. 애매하거나 모호한 메시지는 금물이다. 명확히 이해한 일도 결과를 장담할 수 없는 것이 현실인데 '감'으로만 이해한 일이 제대로 될 리 없다.

팀에는 많은 MZ 세대 구성원들이 함께하고 있다. 하지만 MZ 세대는 이런 상황을 받아들이지 않으려고 한다. 그들은 자신이 하는 일에서 의미와 재미를 느낄 때 몰입하고 즐긴다. 의미와 재미 중 하나라도 있어야 조직에 몸담을 명분이 생긴다고 말한다. 하지만 둘 다 부족하다고 느끼면 새로운 기회를 찾아 떠난다. 구성원이 이직을 고민하고 새로운 일을 찾기 시작했다면 그 조직은 이미 망가지는 중이다.

특히, 조직을 망가뜨리는 가장 단순하면서도 치명적인 방법이 있다. 바로 리더가 특정인이나 특정 집단을 편애하는 것이다. 편애는 단순한 호불호를 넘어 눈에 보이지 않는 불공정과 비상식을 내포하고 있다.

MZ 세대에게 편애의 문제는 조직을 떠나는 가장 큰 이유가 된다. 그들이 힘들어하는 것은 '배고픔'이 아닌 '배 아픔'임을 알아야 한다. 즉, 상식과 공정을 가장 중요한 가치로 여기는 그들은 리더의 불공정한 행동을 절대로 참지 않는다. 설령 자신의 연봉이 줄더라도 더 상식적이고 공정한 조직으로 옮기는 것을 주저하지 않는다.

리더들에게 묻는다.

당신의 조직은 건강한가?

조직이 무너질 조짐은 없는가?

만약 그런 조짐이 보인다면 그 원인은 무엇인가?

혹시 당신의 언어와 행동이

조직을 망가뜨리는 원인은 아닌가?

만약 당신의 언어와 행동에서 조직을 망가뜨리는 요인이 발견된다면 지금부터라도 다르게 말하고 반대로 행동해 보기 바란다.

✓ Checkmate

리더의 언어는 조직을 움직이는 강력한 힘이다. 애매하거나 모호한 메시지는 혼란을 불러오고 신뢰를 떨어뜨린다.

조직을 망가뜨리는 리더는 대개 부정적인 언어와 행동 패턴을 보인다. 본인은 인식하지 못할 수 있지만 구성원들은 정확히 감지한다. 그중에서도 가장 단순하고 치명적인 실수는 특정인이나 특정 집단을 편애하는 것이다. 특히 MZ세대는 '배고픔'보다 '배 아픔', 즉 상식과 공정이 무너질 때 조직을 떠나려고 한다.

당신의 언어와 행동에 조직을 해치는 요소가 있다면 지금부터라도 다르게 말하고 반대로 행동해 보기 바란다. 그것이 신뢰를 회복하고 조직을 건강하게 이끄는 첫걸음이다.

07

닫아야 할 것과 열어야 할 것, 리더의 덕목을 생각한다

가정에서 어른의 위치에 가까워질수록, 기업에서 관리자나 경영자의 자리에 오를수록 무엇을 닫고 무엇을 열어야 하는지 깊이 새겨둘 필요가 있다. 이는 단순한 농담이 아니다. 관계와 리더십의 본질을 담고 있는 중요한 이야기다. 절대로 가볍게 넘길 수 없는 주제다.

닫아야 할 것은 바로 '입'이다.

근무 연수가 길어지고 경험이 많아질수록, 조직 내에서 목소리를 낼 수 있는 위치에 다다를수록 사람들은 자신도 모르게 잔소리를 많이 하게 된다. 잔소리의 이면에는 보통 선한 의도가 숨어있다. 자신의 경험을 나누어 후배들이 시행착오를 줄이길 바라는 마음에서 비롯된다. 좋은 의도에서 시작한 잔소리가 **빠른 문제 해결**과 후배들의 성장에 도움이 되기도 한다. 그러나 문제는 잔소리는 마약처럼 강한 습관성이 있다는 점이다.

"듣기 좋은 꽃노래도 한두 번이다."

아무리 좋은 말도 반복되면 지겨워지고 결국 원래의 좋은 의도마저 퇴색되고 만다. 나아가 잔소리는 상대방의 자율성과 창의성을 억누르는 부정적인 영향을 미칠 수 있다. 따라서 리더의 위치에 오를수록 스스로 말수를 줄이려는 노력이 필요하다.

열어야 할 것은 '귀'와 '지갑'이다.

귀를 열어라. 아랫사람의 의견을 진지하게 경청하는 것은 리더십의 핵심이다. 리더의 경청은 팀원이 자기 생각을 자유롭게 표현할 수 있도록 신뢰할 수 있는 환경을 조성하는 것이다. 하지만 경청은 단순히 듣는 것만으로는 충분하지 않다. 올바르고 필요한 의견을 수용하고 이를 실행에 옮기는 것이 중요하다.

예를 들어, 팀장이 회의에서 "더 좋은 방법이 있으면 알려주세요."라고 말한 후 실제로 직원의 아이디어를 반영해 프로젝트를 성공적으로 마무리했다고 가정하자. 이런 경험을 통해 직원들은 자신의 목소리가 리더에게 전달되고 실제로 영향을 미칠 수 있다는 믿음을 갖게 된다. 결과적으로 팀의 결속력과 협력도 더 강화된다.

지갑을 열어라.

리더가 지갑을 연다는 것은 단순한 금전적 지원을 의미하는 것이 아니다. 이는 직원들과 인간적인 교류를 증진하려는 노력이다. 경조사를 챙기고 식사 자리를 함께 갖고 팀원들에게 따뜻한 관심과 배려를 전하는 것이 포함된다. 특히 식사나 행사 자리에서 리더가 자연스럽게 지갑을 여는 모습은 조직 내 신뢰와 유대감을 강화하는 데 중요한 역할을 한다.

예를 들어, 리더가 직원의 생일에 작은 케이크와 축하 메시지를 준비하거나 직원들의 경조사를 정성껏 챙기면 직원들로부터 신뢰와 존경을 받을 것이다.

하지만 현실에서는 닫아야 할 것과 열어야 할 것이 반대로 작동하는 경우가 많다. 닫아야 할 입은 끊임없이 열리고 잔소리가 습관처럼 이어진다. 반대로 열어야 할 귀는 닫혀 있고 아랫사람의 이야기에는 귀를 기울이지 않는다. 게다가 직원의 경조사에는 별 관심이 없고 밥값이나 술값까지 아랫사람에게 은근슬쩍 미루는 리더라면 부하직원과의 관계는 급속도로 악화될 것이다. 리더가 직원들의 노고와 감정을 무시하고 부담을 떠넘기는 모습을 보이면 조직 내 신뢰는 무너지고 팀워크는 약해질 수밖에 없다.

결국 리더의 위치로 올라갈수록 닫아야 할 것과 열어야 할 것을 정확히 이해하고 실천하는 것이 중요하다. 입을 닫아 불필요한 잔소리를 줄이고 귀와 지갑을 열어 신뢰를 쌓아가면 팀워크는 더 강화된다.

이런 원칙을 실천하면 좋은 관계와 신뢰를 만들 수 있다. 결국 사람의 마음을 얻는 리더의 모습으로 한 걸음 더 다가가는 것이다.

입은 닫고 귀와 지갑은 열어라

✓ Checkmate

리더가 닫아야 할 것은 '입', 열어야 할 것은 '귀'와 '지갑'이다. 입을 닫아 불필요한 잔소리를 줄이고, 귀를 열어 구성원의 의견을 경청하며 지갑을 열어 인간적인 교류를 나눌 때 비로소 신뢰와 팀워크가 자라난다. 아무리 좋은 말이라도 반복되면 지겨워지고 잔소리는 자율성과 창의성을 억누르게 된다. 하지만 현실에서는 종종 닫아야 할 입은 열리고 열어야 할 귀와 지갑은 닫히는 경우가 많다.

리더는 이 점을 항상 경계하며 듣고 나누는 리더십을 실천해야 한다. 말보다 행동이, 지시보다 공감이 사람을 움직인다.

팀워크의 활성화,
4D 환경과 팀 역할을 연계하라

팀장을 만나보면 누구나 팀워크 활성화를 고민하고 있다. 팀워크는 기업 워크숍의 단골 주제이며 축구팀 감독이나 해설자도 경기의 승패를 팀워크와 연결해 설명한다.

기업은 경제 분야의 프로팀이다. 기업의 충성고객은 프로축구팀의 열성 팬으로 볼 수 있다. 프로축구팀이 치열한 경기를 치르듯이 기업도 시장에서 경쟁업체를 상대로 끊임없이 경쟁한다. 기업의 경영 성과는 프로축구팀의 경기 결과와 같고 높은 이익을 창출한 기업은 주주에게 주가 상승과 배당금으로, 구성원들에게는 성과급으로 보상한다.

반면, 성과가 낮은 기업은 배당금이나 성과급을 지급하지 못하고 장기간 부진이 계속되면 결국 시장에서 퇴출당한다. 프로축구팀도 마찬가지다. 기업은 가장 치열한 프로구단이라고 해도 과언이 아니다. 따라서 모든 기업이 팀워크를 강조하며 조직의 성과가 팀워크와 직결된다는 사실을 누구나 인식하고 있다. 문제는 팀워크를 어떻게 활성화하느냐다.

오늘날 기업 환경은 4D 환경으로 점점 더 확장되고 있다. 4D는 Diverse(다양성), Dispersed(분산), Digital(디지털), Dynamic(역동성)의 앞글자를 딴 용어다.

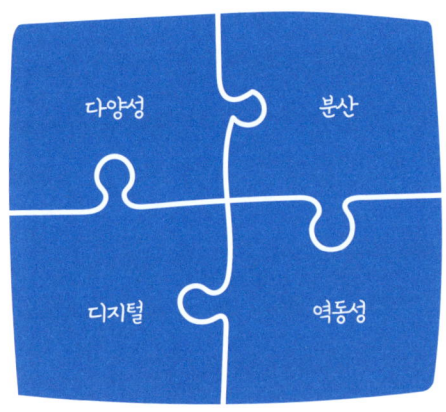

D (Diverse, 다양성)

구성원의 다양성을 의미한다. 과거와 달리 오늘날의 기업은 성별, 국적, 인종, 교육, 언어, 문화 등 다양한 배경을 가진 구성원들이 함께 일하는 곳이 되었다. 이런 다양성은 조직 운영을 복잡하게 만들고 경영상 어려움을 가중시키지만 현장의 경영자와 학자들은 구성원의 다양성을 어떻게 활용하느냐가 기업의 미래 성패를 좌우할 거라고 주장한다.

D (Dispersed, 분산)

근무 지역이 분산되어 있음을 뜻한다. 코로나 팬데믹 이후 전 세계적으로 재택근무와 화상회의가 급속히 확산되었고 이를 지원하는 화상회의 솔루션 기업들이 큰 수익을 올렸다. 앞으로 이런 흐름을 원래대로 되돌릴 수는 없을 것이다. 다른 국가나 지역에 거주하면서도 같은 기업의 팀원으로 일하는 모습이 점점 자연스러워지고 있다. 심지어 북한의 전산 개발자들이 신분을 위장해 미국 기업에 원격고용되어 많은 급여를 받았다는 뉴스도 있었다. 비록 불법적인 사례지만 원격 근무와 글로벌 협업의 보편화를 보여주는 한 단면이다.

D (Digital, 디지털)

디지털 기술을 기반으로 업무가 이루어진다는 의미다. 인터넷이 처음 등장했을 때도 혁명적인 변화였지만 앞으로는 그보다 훨씬 급격한 디지털 혁신이 기업 환경을 뒤흔들 것이다. 인공지능, 사물인터넷, 클라우드 컴퓨팅, 블록체인, 가상현실, 빅데이터 등은 이미 기업의 핵심 기술로 자리잡고 있다. 이제 경영활동과 디지털 기술은 서로 떼려야 뗄 수 없는 관계가 되었다. 이인삼각 경기처럼 몸은 서로 다르지만 함께 움직여야 하는 운명이다.

D (Dynamic, 역동성)

팀이나 프로젝트의 구성원이 과거와 달리 역동적으로 변화하는 환경을 의미한다. 입사, 이동, 퇴사 등 구성원의 변동이 빠르게 이루어지고 프로젝트가 끝나자마자 새로운 업무나 새로운 팀으로 이동하는 것이 일반화되고 있다. 이렇게 변화가 극심한 환경에서는 기존의 팀 운영 방식과는 전혀 다른 형태의 팀워크가 필요하다.

4D 환경은 업종, 기업 규모, 기술 수준, 경영 방식 등에 따라 기업마다 다르게 나타날 것이다. 하지만 팀장이나 프로젝트 매니저PM에게는 공통적으로 큰 도전 과제가 될 것이다.

과거 조직의 구조가 '부' 중심에서 '팀' 중심으로 전환될 때도 상당한 혼란이 있었지만 4D 환경이 가져올 변화는 그보다 훨씬 크고 복잡할 것으로 예상된다. 이제 겨우 팀제에 적응하려는 시점에 4D 환경이라는 새로운 도전이 팀장을 압박하고 있다. 4D 환경에서는 구성원의 다양성이 더 커지며 팀원들은 전 세계 각지에서 분산되어 일하고 디지털 기술을 기반으로 업무가 수행되며 프로젝트에 따라 팀원들이 수시로 교체되는 방식으로 팀이 운영된다. 이런 변화 속에서 기존의 팀 운영 방식으로는 한계가 있으며 새로운 형태의 팀워크가 필연적으로 요구된다.

팀워크를 활성화하는 방법으로 메러디스 벨빈Meredith Belbin이 제시한 팀 역할 이론Team Role Theory을 소개한다. 이 이론은 팀 구성원이 원래의 직무뿐만 아니라 팀 운영에 필요한 역할도 함께 수행해야 한다고 설명한다. 벨빈은 팀 역할을 아홉 가지로 구분했는데 사람 중심의 역할, 실행 중심의 역할, 사고 중심의 역할로 크게 나눈다.

1. 사람 중심의 역할

조정자
Coordinator
— 팀의 목표를 설정하고 조화로운 협업을 유도

팀 지원자
Team Worker
— 팀원 간 협력을 촉진하고 긍정적인 팀 분위기를 조성

자원 탐색가
Resource Investigator
— 네트워크를 활용해 필요한 정보와 자원을 확보하고 협력을 이끌어냄

2. 실행 중심의 역할

추진자
Shaper
— 과제를 강력히 추진하고 장애물을 극복하는 역할

실행자
Implementer
— 아이디어를 실천 가능한 실행계획으로 구체화

| 완결자 Completer, Finisher | 품질을 점검하고 마감 기한을 지키도록 함 |

3. 사고 중심의 역할

| 창조자 Plant | 혁신적인 아이디어를 제시하며 문제 해결 능력으로 팀에 기여 |

| 평가자 Monitor, Evaluator | 논리적이고 객관적인 사고를 바탕으로 상황을 분석하고 팀의 방향성을 점검 |

| 전문가 Specialist | 특정 분야의 전문 지식과 기술로 과제 수행을 지원 |

벨빈의 팀 역할 이론은 팀워크의 효율성을 극대화하기 위해 팀 구성 단계부터 역할을 고려해 적합한 인력을 배치할 것을 조언한다. 각자의 역할이 서로를 보완하면서 조화롭게 협력할 때

팀은 활성화되고 최상의 성과를 만들어낸다.

　　팀 운영에서 4D 환경과 팀 역할을 따로 분리해 생각할 수는 없다. 4D 환경은 이미 시작되었고 앞으로도 상당 기간 지속될 것이다. 이런 환경에서 리더는 팀워크를 어떻게 활성화할 것인지 깊이 고민해야 한다.

✓ Checkmate

기업 환경이 4D 환경으로 확장되면서 팀 운영에도 변화된 환경에 맞는 팀워크 전략이 필수적이다. 이를 위해서 벨빈이 제시한 아홉 가지 팀 역할을 이해하고 팀의 구성 단계부터 역할을 고려해 적합한 인력을 배치하는 것이 중요하다.

이 아홉 가지 역할이 서로를 보완하면서 조화롭게 협력할 때 팀은 활성화되고 최상의 성과를 만들어낸다.

협력의 힘,
협력을 끌어내야 진짜 리더다

천국과 지옥의 식사 장면을 묘사한 흥미로운 이야기를 들어본 적 있을 것이다.

> 모든 영혼은 반드시 1미터가 넘는 긴 숟가락을 사용해 음식을 먹어야 하지만 주어진 숟가락 외에 다른 도구는 사용할 수 없다. 식사 시간이 끝난 후 천국과 지옥의 풍경은 전혀 달랐다. 천국에서는 모든 영혼이 맛있고 즐겁게 식사를 마치고 행복한 얼굴로 서로에게 고마움을 전하고 있었다. 반면, 지옥에서는 난장판이 벌어졌다.

음식은 여기저기 흩어졌고 누구도 음식을 먹을 수 없었다. 그 차이는 바로 '협력'이었다.

천국에서는 영혼들이 긴 숟가락을 이용해 건너편 영혼에게 음식을 먹여주었다. 모두 그렇게 했고 결국 모든 영혼이 배부르고 행복했다. 반면, 지옥에서는 각자 더 많은 음식을 먹으려고 다투었지만 긴 숟가락을 이용해 자신의 입으로 가져갈 수 없었다. 서로 돕지 않아 결국 아무도 음식을 먹지 못했다.

이 이야기가 주는 교훈은 명확하다. 협력은 개인의 이익을 넘어 모두 함께 번영하는 길이다. 조직에서도 사회에서도 우리는 서로 먹여줄 수 있는 사람이 되어야 한다. 그래야 모두 배부르고 행복할 수 있다. 우리 속담에도 이런 말이 있다.

"백지장도 맞들면 낫다."
"열 손가락이 모여야 주먹이 된다."

이는 작은 힘이라도 함께하면 더 큰 결과를 만들 수 있다는 뜻이다. 또한, 몽골의 오래된 교훈에서도 같은 지혜를 찾아볼 수 있다.

"A single arrow is easily broken but not ten in a bundle."
화살 한 개는 쉽게 부러지지만
열 개를 함께 묶으면 부러뜨릴 수 없다.

이처럼 협력은 동서고금을 막론하고 가장 강력한 생존 전략이자 성공의 열쇠다. 혼자서는 해결하기 어려운 일도 함께하면 길이 열린다.

현대 조직에서 협력은 선택이 아닌 필수다. 4차 산업혁명과 VUCA(변동성 Volatility, 불확실성 Uncertainty, 복잡성 Complexity, 모호성 Ambiguity)로 대표되는 시대를 맞아 조직은 이제 협력 없이는 생존할 수 없는 환경에 놓이게 되었다. 많은 기업이 내부적으로 협력해 시너지를 창출하고 외부적으로 협업해 혁신을 이루고 있다.

과거의 리더십이 권위적이고 지시적이었다면 현대의 리더는 협력을 이끌어내는 조정자 역할을 해야 한다. 협력은 단순한 친목 활동이 아니다. 협력은 성과를 극대화하는 전략적 도구다. 협력을 통해 조직은 지속적으로 성장하고 구성원은 더 창의적이고 효과적으로 일할 수 있다.

경쟁과 협력은 상반된 개념이 아니다. 조직 내에서 건강한 경쟁은 동기를 부여한다. 그러나 지나친 경쟁은 조직을 분열시키고 비효율을 초래할 수 있다.

한때 경쟁을 촉진해 성과를 높이는 전략을 택했던 GE조차 최근에는 "이제는 이기기 위해 협력해야 한다."라며 방향을 전환했다. 그리고 경쟁 중심의 문화를 협력 중심으로 전환한 결과, 오히려 혁신성과 생산성이 높아졌다고 한다. 이 사례는 조직이 성과를 높이기 위해 경쟁을 일부분 활용할 수 있지만 결국 더 큰 성과는 협력을 통해 창출된다는 사실을 잘 보여준다.

따라서 경쟁과 협력 사이에 균형이 필요하다. 결국 경쟁과 협력을 어떻게 조화롭게 운영하느냐가 조직의 성패를 좌우한다.

협력은 조직의 생존과 성장을 위한 필수 전략이다. 협력의 핵심은 다양성을 존중하고 상호 신뢰를 구축하고 건설적인 경쟁을 활용하는 것이다. 협력은 일회성 이벤트가 아니라 지속적으로 이루어져야 한다. 협력을 유지하려면 조직 구성원들이 미래의 가치를 현재보다 더 중요하게 인식하도록 유도해야 한다. 협력은 '좋은 것이기 때문에 하는 것'이 아니라 '생존하고 성장하기 위해 반드시 해야 하는 것'임을 명확히 인식시켜야 한다.

협력을 끌어내는 리더가 진정한 리더다. 리더는 구성원들이 서로 협력할 수 있도록 환경과 문화를 조성하는 역할을 해야 한다.

우리 역사에서 가장 훌륭한 임금으로 손꼽히는 세종대왕도 다양한 인재를 포용하고 협력을 만들어낸 리더로 유명하다. 영화 「천문(天問)」에서 관노 출신인 장영실과 세종이 협력하고 교감하는 장면은 감동 그 자체다. 세종은 관습에 얽매이지 않고 출신 배경이나 과거 전력을 불문하고 뛰어난 인재들을 중용했다. 그들에게 필요한 것은 출신이 아닌 역량이었기 때문이다. 여기서 세종의 리더십이 더 돋보이는 이유는 단순히 좋은 인재를 등용하는 데 그치지 않고 다른 배경과 역량을 가진 사람들이 협력할 수 있도록 조정하는 역할을 충실히 수행했다는 점이다.

진정한 리더는 협력을 이끄는 사람이다.

✓ Checkmate

현대 조직에서 협력은 더 이상 선택이 아닌 생존을 위한 필수 전략이다. 4차 산업혁명과 VUCA로 대표되는 시대에 접어들면서 조직은 시너지 창출과 혁신을 위해 협력에 점점 더 의존하게 되었다. 협력은 단순한 친목 활동이 아니라 조직의 성과를 극대화하고 구성원의 창의성과 효율성을 높이는 전략적 도구다. 또한, 협력은 개인의 이익을 넘어 모두 함께 번영하는 길이며 가장 강력한 생존 전략이자 성과 창출의 핵심 수단이다.

결국 경쟁과 협력을 얼마나 조화롭게 운영하느냐가 조직의 성패를 좌우하는 핵심 요소다. 리더는 협력의 가치를 이해하고 신뢰를 바탕으로 협력을 이끌어내는 조정자의 역할을 수행해야 한다.

10

동기 3.0,
새로운 패러다임

팀장의 역할 중 하나는 팀원들이 높은 동기를 유지하며 성과를 내도록 도와주는 것이다. 단순히 목표를 설정하고 업무를 지시하는 것이 아니라 팀원들이 자발적으로 열정을 가지고 일할 수 있도록 환경을 조성하는 것이 중요하다.

이론적으로는 누구나 아는 이야기다. 하지만 현실에서는 결코 쉽지 않다. 동기부여는 일방적인 것이 아니라 상호작용을 통해 결정된다. 팀장이 스스로 "나는 팀원들에게 충분히 동기부여를 하고 있다."라고 생각해도 정작 팀원들이 그렇게 느끼지 않는다면 그 방식에 문제가 있는 것이다.

동기motive는 특정 행동을 유발하는 내적·외적 요인이다. 그리고 동기를 유발하고 지속시키는 과정을 동기부여motivation라고 한다. 동기부여를 말할 때 흔히 떠오르는 개념은 '당근과 채찍'이다. 이는 전혀 틀린 말은 아니지만 그렇다고 정답이라고 할 수도 없다. 동기부여는 훨씬 복잡하고 섬세한 접근이 필요한 주제이기 때문이다.

다니엘 핑크는 자신의 저서 『드라이브(Drive)』에서 동기에 대한 다양한 개념을 소개하고 있다.

동기 1.0: 생존(본능) 동기

동기 2.0: 외재적(보상과 처벌) 동기

가장 기초적인 형태의 동기를 동기 1.0으로 정리할 수 있다. 이는 인간의 생존 욕구를 충족하려는 본능적 동기에 바탕한 개념으로 매슬로우 Maslow의 욕구 5단계설 중 가장 하위 욕구인 생리적 욕구와 같은 개념이다.

원시 시대부터 인간은 생존을 위해 음식을 구하고 위험을 피하며 번식하려는 동기가 있었다. 즉, 먹고 사는 문제가 인간 행동의 가장 중요한 원동력이었다. 이 개념은 생존을 위한 행동이 중심이므로 조직에서의 동기부여 방식도 단순했다. 중세 봉건시대의 농노제도나 초기 산업사회에서 적용되었던 보상과 처벌 중심의 동기부여 방식이 대표적이다.

시간이 지나면서 동기 1.0의 한계가 서서히 드러나기 시작했다. 생존을 위한 보상만으로는 사람들이 더 높은 성과를 내거나 창의성을 발휘하거나 조직에 헌신하지 않는다는 것을 깨달은 것이다.

이런 한계를 극복하기 위해 동기 2.0이 등장했다. 이는 금전적 보상을 더 체계화해 인간의 행동을 관리하는 방법에 초점을 맞춘 개념이다. 이 모델은 외적 보상과 처벌을 중심으로 한 '외재적 동기 extrinsic motivation' 시스템이다. 급여, 승진, 보너스 등의 보상과 강등, 해고, 불이익 등의 처벌이 조직 구성원의 행동을 결정하는 핵심 요인이다. 특히 태업怠業이 만연했던 산업화 시기에 동기 2.0은 매우 효과적인 방식이었다. 산업혁명 이후 조직과 기업이 복잡해지면서 더 체계적인 동기부여 시스템이 필수적이었기 때문이다.

동기 2.0에 익숙해지면 보상이 있어야만 움직이는 습관이 생긴다. 더 심각한 문제는 즐겁게 하던 활동도 보상이 주어지는 순간 '노동'으로 변질된다는 점이다.

예를 들어, 원래 그림 그리기를 좋아하던 아이들에게 보상을 제공하기 시작하자 이후 보상이 없을 때는 그림 그리기에 대한 흥미가 급격히 줄었다는 연구 결과가 있다. 또한, 금전적 보상이 주어질 때 오히려 창의적인 문제 해결 능력이 감소하는 경향이 나타났다.

또 다른 예로 과거 건설 현장에서 현장 감독들이 하던 말이 있다. "공사를 날일(일당제)로 시키면 언제 끝날지 몰라 걱정이고 돈내기(성과제)로 시키면 인부들이 죽을까 봐 겁난다."

즉, 성과급을 지급하면 몸을 무리해서라도 성과를 내려고 하고 반대로 고정 일당제로 운영하면 근무 태만이 발생하는 문제가 있었다. 이는 우리 조상들도 동기 2.0의 본질을 정확히 이해하고 있었음을 보여준다.

동기 2.0은 반복적이고 기계적인 산업화 시대의 노동에 적합한 방식이다. 실제로 산업혁명 시기나 개발도상국의 산업화 과정에서 매우 효과적이었다. 하지만 산업화가 성숙 단계에 접어들면서 그 한계가 명확해지기 시작했다. 단기적 성과를 중시하는 문제, 창의성과 자율성을 저해하는 부작용, 윤리적 문제 등의 한계가 나타난 것이다.

동기 2.0은 현재도 일부 환경에서는 여전히 유효할 수 있다. 하지만 빠르게 변화하는 현대 사회에서는 분명한 한계를 드러낸다. 단순한 보상과 처벌만으로는 창의적인 문제 해결이 어렵고 윤리적 경영을 지속하는 데도 한계가 있다. 그리고 장기적으로 직원들의 동기를 유지하기 힘들다는 문제도 있다.

동기 2.0의 한계를 극복하기 위해 대기업을 중심으로 새로운 동기부여 방식으로 내재적 동기 intrinsic motivation를 강조하는 동기 3.0으로 이동하고 있다.

동기 3.0은 자율성 autonomy, 숙련 mastery, 목적 purpose을 기반으로 직원들 스스로 동기를 부여받고 더 창의적이고 의미 있는 일을 하도록 도와준다. 특히 MZ 세대는 '재미'와 '의미'를 중요한 가치로 여기며 이를 일에서도 찾으려고 한다. 이에 따라 기업들은 새로운 동기부여 방식을 고민하고 있다.

그렇다고 해서 당장 동기 2.0을 완전히 버려야 하는 것은 아니다. 점진적으로 동기 2.0의 요소를 줄여가면서 조직 구성원에게 자율성을 충분히 부여하고 전문가로 성장할 숙련 기회를 제공하며 '이 일을 왜 하는가?'라는 목적을 명확히 제시해야 한다. 이런 동기 3.0의 접근 방식을 통해 직원들이 단순히 돈을 벌기 위해 일하는 것이 아니라 일 자체에서 의미와 재미, 만족을 찾아야 한다. 아래 말의 의미를 곰곰이 새겨볼 필요가 있다.

"재미가 있든지 의미가 있든지
둘 중 하나는 있어야 이 조직에 남겠습니다."

✓ Checkmate

동기란 특정 행동을 유발하는 내적·외적 요인을 말하며 이런 동기를 유발하고 지속시키는 과정을 동기부여라고 한다.

동기 1.0은 인간의 생존 욕구를 충족하려는 본능적 동기에서 출발하고 동기 2.0은 금전적 보상을 통해 행동을 관리하는 데 초점을 맞춘다. 하지만 오늘날의 조직 환경에서는 이런 방식의 한계가 분명히 드러나고 있다.

따라서 오늘날의 조직은 자율성, 숙련, 목적을 기반으로 구성원이 스스로 동기를 부여받는 동기 3.0을 지향해야 한다. 구성원이 자발적으로 몰입하고 성장하기 위해서는 조직 안에 재미든 의미든 둘 중 하나는 반드시 존재해야 한다.

11

팀원의 네 가지 유형.
충신, 도망자, 용병, 인질

팀장은 팀을 구성하는 팀원들에 대해 때로는 과하다 싶을 정도로 깊은 관심을 가져야 한다. 각 팀원의 직무 역량과 팀 역할 team role을 충분히 이해하는 것은 물론 그들이 자신이 속한 팀을 어떻게 인식하고 있는지도 파악해야 한다. 즉, 조직에 대한 팀원들의 만족도와 충성도를 제대로 이해해야만 효과적인 리더십을 발휘할 수 있다.

이런 고민을 하다가 필자는 고객 유형을 분류한 한 논문을 접하게 되었고 그 방법론이 팀원의 성향을 파악하는 데도 적용할 수 있겠다는 생각에 이르렀다.

고객 유형을 분류하는 흥미로운 접근법으로 토머스 존스 Thomas O. Jones와 얼 새서 주니어 W. Earl Sasser, Jr.가 제시한 모델이 있다. 그들은 고객의 만족도와 충성도를 기준으로 네 가지 유형으로 구분했다.

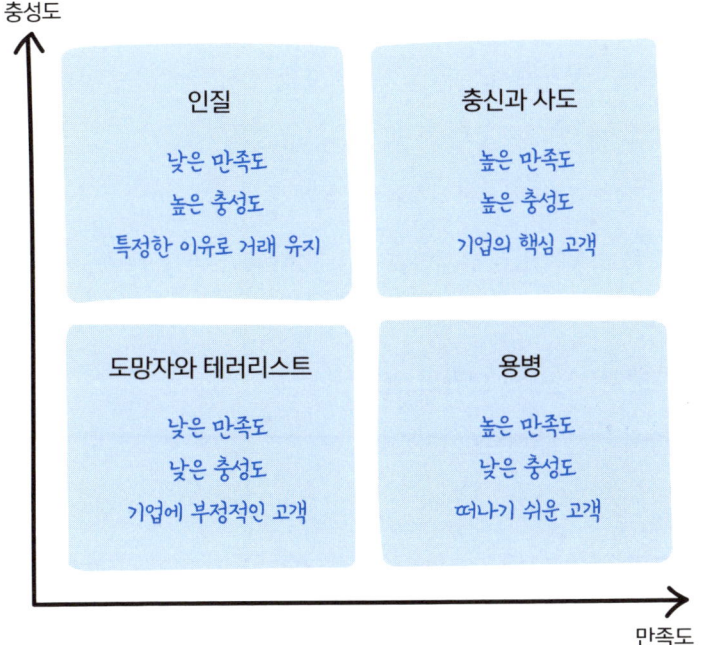

이런 고객 유형 모델을 차용해 팀원의 유형을 분석할 수 있다. 즉, 조직(팀)에 대한 팀원의 만족도와 충성도를 기준으로 다음과 같이 구분한다.

충신 Loyalist · 사도 Apostle

팀에 대한 충성도와 만족도 모두 높은 팀원이다. 이들은 팀의 비전과 목표에 공감하며 조직의 성공에 적극적으로 기여한다. 이들은 팀장에게 든든한 지원군으로 조직 내에서 안정적인 동력을 제공한다. 사도 유형은 단순히 충성스러운 데 그치지 않고 팀을 대외적으로도 적극적으로 홍보하는 역할을 한다. 조직이 지속적으로 유지하고 성장시켜야 할 핵심 인재들이다.

도망자 Defector · 테러리스트 Terrorist

팀에 대한 충성도와 만족도 모두 낮은 팀원이다. 도망자 유형은 조직에 대한 애착이 적어 기회가 되면 쉽게 이탈한다. 모든 도망자 유형을 팀에 반드시 잔류시킬 필요는 없다. 팀의 운영 방식과 근본적으로 맞지 않는다면 팀을 떠나는 것이 오히려 팀 전체에 유리할 수 있다.

테러리스트 유형은 단순히 이탈하는 것이 아니라 팀의 문제를 외부에 적극적으로 알리거나 내부적으로 불만을 증폭시키며 부정적인 영향을 미칠 수 있다. 소위 "도시락을 싸들고 다니면서 팀과 팀원을 비난하는" 사람들이다.

필자의 경험에 따르면, 팀원이 문제를 제기했을 때 팀장이나 동료들의 미흡한 대응에 실망해 '테러리스트' 유형의 부정적인 행동으로 이어지는 경우를 종종 목격할 수 있었다. 따라서 팀장은 팀원의 문제 제기나 불만을 적절히 관리해 신뢰를 유지할 수 있도록 노력해야 한다.

용병 Mercenary

만족도는 높지만 충성도가 낮은 팀원이다. 이들은 조직이 제공하는 보상, 기회, 환경 등에 만족하지만 더 나은 조건이 제시되면 언제든지 떠날 준비가 되어 있다. 단기적 성과는 기대할 수 있지만 장기적인 조직문화 형성에는 도움이 되지 않는다. 성과 중심의 직무에는 적합할 수 있지만 조직의 핵심 가치나 팀워크를 중시하는 환경에서는 지속적인 동기부여가 필요하다.

인질 Hostage

만족도는 낮지만 특정한 이유로 조직에 남아 있는 팀원이다. 경제적 이유, 경력 관리, 또는 대체할 만한 일자리가 마땅치 않아 남아 있는 경우다. 이들은 업무에 대한 적극성이 낮고 조직에 대한 애정도 부족해 팀의 동력을 저하시킬 가능성이 크다. 단순히 남아 있는 것이 아니라 충신·사도 유형으로 바뀌도록 성장할 기회를 제공하고 동기를 부여하는 노력이 필요하다.

존스Jones와 새서Sasser의 고객 유형 모델을 차용해 팀원의 유형을 분석하고 이에 따른 팀장의 역할을 살펴보았다. 가장 강력한 팀워크는 팀원들이 모두 충신loyalist이나 사도apostle 유형이 되도록 만드는 것이다. 조직이 팀원들의 만족도를 어떻게 높이고 충성도를 어떻게 강화하느냐에 따라 팀의 역량과 지속 가능성이 결정된다.

✓ Checkmate

팀원은 충성도와 만족도 수준에 따라 충신·사도, 도망자·테러리스트, 용병, 인질의 네 가지 유형으로 구분할 수 있다.

강력한 팀워크를 구축하려면 팀장은 각 팀원의 현재 상태를 정확히 파악하고 이들이 충신·사도 유형으로 성장할 수 있도록 유형별 맞춤형 리더십을 발휘해야 한다. 결국 지속 가능한 성과와 팀워크의 핵심은 팀원의 충성도와 만족도를 동시에 높이는 것에 달려있다.

12

관계형 리더,
전략적 기버가 되어라

    2008년에 개봉한 영화 「좋은 놈, 나쁜 놈, 이상한 놈」은 김지운 감독이 연출하고 정우성, 이병헌, 송강호가 출연한 마카로니 웨스턴(서부극) 스타일의 독특하고 재미있는 영화다. 이 영화는 1930년대 만주를 배경으로 개성이 다른 세 남성이 보물 지도를 둘러싸고 벌이는 추격전을 그린 작품이다.

    필자는 극장에서 영화를 본 후 TV로도 여러 번 다시 보았다. 볼 때마다 주인공들의 성향이 더 뚜렷이 드러나는 것을 느꼈고 그래서 제목도 「좋은 놈, 나쁜 놈, 이상한 놈」으로 정한 것 같다는 생각이 들었다.

이처럼 개인의 성향은 인간관계에 큰 영향을 미친다. 인간관계에서 성공을 결정하는 중요한 요소는 타인과의 상호작용 방식이다. 개인의 성향이 바로 이 상호작용 방식에 영향을 미치는 핵심 요인이다. 따라서 조직에서 원활한 협력과 관계 형성을 위해서는 개인의 성향을 반드시 이해해야 한다.

애덤 그랜트는 자신의 저서 『기브 앤드 테이크Give and Take』에서 사람을 기버Giver, 테이커Taker, 매처Matcher 세 가지 유형으로 분류했다. 기버는 주는 사람, 테이커는 받는 사람, 매처는 주고받는 균형을 맞추는 사람이다.

필자가 이 책을 읽는 동안 함께 근무했던 동료들의 얼굴이 스쳐 지나갔다. 누가 기버였는지, 누가 테이커였는지, 누가 매처였는지 직관적으로 떠오를 정도로 설득력 있는 분석이었다. 이 유형이 절대적인 것은 아니지만 요즘 유행하는 MBTI처럼 사람의 성향을 파악하는 데 유용한 프레임이 될 수 있다.

40년 이상 조직 안팎에서 만났던 수많은 사람을 이 세 가지 유형으로 구분할 수 있었다. 매우 흥미로운 접근 방식이다. 애덤 그랜트는 사람들이 기본적으로 이 세 가지 방식으로 타인과 관계를 맺는다고 설명한다. 그는 일반적인 인간관계를 설명했지만 우리는 조직 내 인간관계나 관계관리로 범위를 좁혀 생각할 수 있다. 조직에서 누가 기버이고 누가 테이커이고 누가 매처인지 알면 효율적인 팀워크와 협력을 끌어내는 데 도움이 될 것이다.

기버(Giver) 유형

기버는 타인을 도와주는 것을 우선시하며 그것에서 만족감을 느끼는 사람이다. 이들은 공동의 이익을 위해 협력하는 데 집중하며 조직 내에서 신뢰를 형성하고 장기적으로 강력한 네트워크를 구축한다.

하지만 무분별한 희생을 감수할 경우, 타인에게 이용당하거나 자신의 성과를 빼앗길 위험이 있다. 따라서 기버는 전략적인 협력 방식을 익힐 필요가 있다.

테이커(Taker) 유형

테이커는 기버와 정반대로 다른 사람으로부터 받는 것을 좋

아하며 심지어 빼앗는 성향을 보인다. 이들은 관계에서 자신의 이익을 최우선시하며 경쟁에서 이기기 위해 타인의 자원을 적극적으로 활용한다. 그리고 자신이 보상받을 때까지는 최소한의 기여만 하려는 경향이 있다. 단기적으로는 성과를 낼 수 있지만 장기적으로 신뢰와 협력의 기회를 잃을 위험이 크다. 결국 조직 내에서 테이커는 시간이 갈수록 고립될 가능성이 크다.

매처(Matcher) 유형

매처는 기버와 테이커의 중간형으로 준 만큼 받고 받은 만큼 주려는 균형형 인간이다. 이들은 소위 '기브 앤 테이크' 원칙을 고수하며 공정성을 유지하는 데는 효과적이지만 단순히 계산적으로만 접근해 장기적인 협력과 신뢰를 형성하는 데 한계가 있다.

결과적으로 누가 가장 성공할까? 언뜻 보면 기버가 손해를 보는 것처럼 보인다. 그러나 연구에 따르면 전략적으로 협력하는 기버 유형이 장기적으로 가장 높은 성과를 낸다. 즉, 맹목적인 희생이 아니라 전략적인 기버의 행동을 따르면 높은 신뢰를 얻고 성공적인 네트워크와 성과를 만들어낼 수 있다. 결국 조직에서 협력을 촉진하는 가장 효과적인 방식은 '전략적 기버'의 태도를 갖추는 것이다.

이쯤에서 독자들은 업무상 또는 다른 이유로 관계를 맺어온 사람들을 떠올려 보라. 그리고 그들이 기버, 테이커, 매처 중 어디에 속하는지 연결해 보기 바란다.

일반적으로 기버는 조직에서 성공하지 못하는 경우가 많다. 소위 '남 좋은 일만 시키다가' 자신은 항상 손해를 보는 경우가 많다. 지나친 희생과 배려로 결국 본인이 힘들어한다. 그러나 전략적으로 협력하는 방법을 배우고 실천한다면 이야기는 달라진다. 동료나 고객을 도와주는 방식이 바뀌고 결국 결과도 달라진다.

성공하는 기버는 도움을 주면서도 자신의 목표와 성장을 고려한다. 단순히 주는 데만 집중하지 않고 자신의 핵심 업무에 집중하면서도 동료와 고객을 도와주는 방식을 조율한다. 장기적인 관계를 구축하고 신뢰를 쌓고 조직 내에서 가장 영향력 있는 사람이 된다. 단순히 '주는 사람'이 아니라 '주면서도 성장하는 사람'이다.

반면, 실패하는 기버는 무분별한 희생을 감수한다. 때로는 스스로 감당할 수 없을 정도로 희생해가며 상대방을 도와준다. 주는 것 자체에만 집중하다가 결국 번아웃burnout에 빠지거나 테이커들에게 이용당하는 경우가 많다.

전략적 기버가 많은 조직은 지속적으로 성장한다. 전략적 기버가 많은 조직은 구성원 간 신뢰가 강하고 정보 공유가 활발하고 서로 협력하는 문화가 자리잡는다. 이런 환경에서는 창의성과 혁신이 자연스럽게 촉진된다. 사람들이 서로 성장하도록 도와주고 아이디어를 나누며 장기적인 관점에서 조직에 기여하기 때문이다.

그럼 테이커가 주도하는 조직은 어떤가? 테이커가 주도하는 조직에서는 경쟁과 갈등이 심화되고 협력과 신뢰가 사라진다. 테이커는 단기적 성과를 위해 타인을 착취하거나 협력보다 개인적 이익을 우선시한다. 결국 테이커가 주도하는 조직은 성장과 혁신이 어려운 구조가 된다.

사람과 사람의 관계는 정말 어렵다. 단순한 세 가지 유형으로 모든 것을 설명할 수는 없다. 그러나 분명한 것은 '호구'가 되는 것과 '좋은 관계'를 유지하는 것은 다르다는 것이다. 자신의 위치를 지키고 자신의 성과를 놓치지 않으면서 동료를 지원하는 협력 방식을 조직은 원한다. 맹목적인 희생이 아니라 전략적인 협력을 통해 조직과 함께 성장하는 것이 중요하다.

✓ Checkmate

애덤 그랜트는 사람을 기버, 테이커, 매처 세 가지 유형으로 분류했다. 조직에서 협력을 위해 필요한 것은 전략적 기버다. 전략적 기버는 단순히 주는 것을 넘어 타인을 도우면서도 조직의 목표와 자신의 성장을 함께 고려한다. 반면, 테이커가 주도하는 조직은 분열과 갈등이 심화된다. 건강한 조직 문화를 위해서는 전략적 기버의 태도를 확산시키는 리더십이 무엇보다 중요하다.

전문 분야를 떠나라.
버려야 더 큰 것을 얻는다

2001년 필자는 글로벌 보험사 재무담당 임원으로 근무하고 있었다. 그 무렵 새로운 외국인 사장이 부임했다. 그는 재무 분야 경험이 부족했고 사장직도 처음 맡는 자리였다. 그래서 그룹에서는 그를 특별히 배려해 경험이 풍부한 척 리스Chuck Reis를 한국에 파견했다. 척은 이미 은퇴한 상태였지만 한국에서 자문역을 맡기 위해 현장에 잠시 복귀한 상황이었다.

척은 사장의 재무 자문역으로 5개월 동안 한국에 머물게 되었다. 흥미로운 것은 척이 사장에게 자문하는 시간보다 필자와 함께 보내는 시간이 많았다는 점이다.

당시 필자는 비교적 이른 나이에 사장에게 직접 보고하는 직책을 맡게 되었고 그만큼 선배에게서 업무적 조언이나 경영에 대한 코칭을 받을 기회가 드물었다. 공식적인 상사는 아니었지만 척의 풍부한 경험과 인간적 품성은 필자가 갈증을 느끼던 부분을 채워주었다.

우리는 공통점도 많았다. 척은 기갑장교로 월남전에 참전했고 필자도 전방에서 포병장교로 근무한 경험이 있었다. 또한, 업무적으로도 재무 분야에서 긴 시간을 보낸 것도 비슷했다. 이런 공통점 덕분에 우리는 더 친밀해졌고 그는 내게 많은 조언과 가르침을 주었다.

그리고 여러 조언 중에서도 그가 내게 준 가장 큰 선물은 내 커리어를 전환하는 계기를 만들어준 것이었다. 하루는 척이 진지한 표정으로 내 커리어 계획을 물었다. 그리고 예상치 못한 조언을 건넸다.

"재무 분야를 떠나는 게 좋을 것 같아."

그 말을 듣자마자 나는 깜짝 놀랐다. 재무 업무에서 벗어난다는 생각은 한 번도 해본 적이 없었기 때문이다. 재무는 필자의 전문 분야였고 회사를 옮기는 것은 가능할지언정 재무를 떠나는 것은 상상조차 하지 못했다.

하지만 척의 설명은 명확하고 설득력 있었다.

"자네는 이미 재무 분야에서 충분한 경험을 쌓았어. 이제 더 큰 일을 하려면 다른 분야를 알아야 해."

그는 보험사에서 더 큰 역할을 맡으려면 운영 업무와 영업 관리 등 사업의 본질에 가까운 분야를 경험해야 한다고 주장했다. 그리고 훌륭한 경영자가 되려면 다양한 직무 경험이 필수라는 조언도 덧붙였다.

척의 조언과 지원 덕분에 필자는 오랫동안 몸담았던 재무 분야를 떠나 운영총괄 임원COO으로 직무를 변경할 수 있었다. 3년 동안 운영 분야를 이끌었고 이어서 영업, 정보시스템, 인사 등 순차적으로 더 다양한 업무를 맡아 폭넓은 경험을 쌓을 수 있었다. 이 모든 과정은 보험사 경영의 다양성과 균형을 배우는 계기가 되었다. 도전적이었지만 지금 돌이켜보면 멋진 경험이었다고 확신한다.

당시 재무 직무를 떠나는 결정은 필자의 커리어에서 가장 잘한 선택 중 하나였다. 그 덕분에 더 다양한 업무를 경험하고 더 많은 사람을 만나고 새로운 고민을 마주할 수 있었다.

조직 내에서 더 높은 위치로 나아가려면 언젠가는 자신의 주 전공에서 벗어나야 하는 순간이 온다. 전혀 새로운 도전 앞에서 두려울 수 있다. 하지만 '버려야 얻는다'라는 말처럼 새로운 경험이야말로 성장할 기회를 열어주는 열쇠가 될 것이다.

✓ Checkmate

'버려야 얻는다'라는 말처럼 조직 내에서 더 높은 위치로 성장하기 위해서는 언젠가는 자신의 전문 분야를 벗어나는 결단이 필요하다. 특히 더 큰 역할을 맡기 위해서는 사업의 본질에 가까운 운영과 영업 분야를 반드시 경험해야 하며 훌륭한 경영자로 성장하기 위해서는 하나의 영역에 머무르지 않고 다양한 직무를 두루 경험하는 것이 필수적이다.
결국 진정한 리더십은 경계를 넘는 경험 속에서 길러진다.

3부

경영을 이야기하다

경영진은 더 넓은 시야를 갖추어야 한다. 단기적인 성과에 급급하기보다 장기적 관점에서 미래를 내다보는 능력이 필수다. 또한, 고객, 직원, 주주를 포함한 다양한 이해관계자의 니즈를 정확히 파악하고 이를 효과적으로 충족시키는 역량을 갖추어야 한다. 이것이 바로 경영이자 전략의 본질이다.

여기서 다루는 내용은 단순한 에피소드처럼 들릴 수도 있다. 그러나 실제 현장에서는 오히려 이런 '작고 사소해 보이는 것들'이 경영의 성패를 가르는 핵심이 된다. 경영은 연구실이나 교단 위에서 이루어지는 이론이 아니라 시장과 조직 속에서 치열하게 부딪히며 하나씩 쌓아 올린 실천의 학문이기 때문이다.

그렇다고 대학에서 배우는 경영학이 의미가 없다는 말은 아니다. 경영학은 현장의 경험이 차곡차곡 정리되어 체계화된 결과물이다. 강의실에서 배우는 경영학은 현장을 더 쉽고 빠르게 이해하는 데 필요한 기본을 제공한다. 다만, 이론은 현장의 복잡한 문제를 해석하고 대응하는 데 도움이 되는 하나의 틀일 뿐이다. 결국 경영학은 강의실과 현장 두 군데서 모두 공부해야 하는 학문이다.

01

경영이란 무엇인가?
거상 임상옥에게 배운다

조선 후기, 오늘날로 치면 대기업 총수에 해당하는 거상이 있었다. 그의 이름은 '임상옥'으로 한때 전국 최대 규모의 무역과 유통을 장악하며 '조선 최고의 상인'으로 불렸다. 그는 신뢰에 기반한 지속 가능한 경영 철학을 실천했으며 장사를 단순한 돈벌이가 아니라 사람과 세상을 변화시키는 행위라고 믿었다.

그의 경영 철학은 오늘날 기업이 중시하는 사회적 책임(CSR), ESG 경영, 공정거래, 이해관계자 중심 경영과도 맞닿아 있다. 서양에서 건너온 경영학 교과서는 잠시 접어두고 조선 상인 임상옥이 남긴 경영의 다섯 가지 핵심 철학을 따라가 보자.

1. 신뢰 경영

장사는 돈이 아니라 사람을 남기는 것이다.

"장사는 사람을 남기는 것이다."라고 했다. 이는 신뢰 경영을 뜻한다. 그는 고객, 동업자, 사회와의 신뢰를 가장 중요한 자산으로 여겼다. 단기적 이익보다 장기적인 관계 형성이 성공의 핵심이라고 믿었다. 신뢰에 기반한 거래는 시간이 지나도 무너지지 않으며 결국 더 큰 기회와 성공을 가져온다. 현대 경영에서 강조하는 이해관계자 중심 경영과 일맥상통한다.

2. 공정한 거래

독점하면 망하고 나누면 흥한다.

공정한 경쟁을 강조했다. 시장을 독점하려는 자들이 결국 도태되는 모습을 임상옥은 여러 번 목격했다. 따라서 시장을 독점하는 것이 아니라 함께 성장하는 것이 진정한 장사의 길이라고 믿었다. 그는 이익을 독식하지 않고 동업자들과 공평하게 나누며 성장했다. 오늘날의 공정거래나 상생 협력 개념과 연결된다. 당시는 공정거래위원회 같은 규제기관도 없었지만 그는 오직 경험과 통찰로 이 철학을 몸소 실천했다.

3. 사회적 책임

*돈이 사람을 다스리면 망하고
사람이 돈을 다스리면 흥한다.*

"돈은 목적이 아닌 수단이다." 그는 돈을 버는 것보다 돈을 다스리는 것이 더 중요하다고 주장했다. 돈에 휘둘리지 않는 경영자의 자세를 중시했으며 부를 축적하는 것만큼 사회에 환원하는 것을 중요하게 여겼다. 그의 재산은 단순한 개인의 것이 아니라 사회 전체를 위한 것이기도 했다. 이는 오늘날 기업이 추구하는 기업의 사회적 책임(CSR)과 연결된다.

4. 전략적 안목

장사는 기회를 보는 것이 아니라 흐름을 읽는 것이다.

장사는 "단기적인 기회를 쫓는 것이 아니라 시장의 흐름을 읽고 대비하는 것이 중요하다."라고 했다. 예를 들어, 그는 청나라에서 흉년이 들 것을 예상하고 미리 쌀을 비축했다. 쌀값이 폭등했을 때도 폭리를 취하지 않고 공정한 가격에 판매해 신뢰를 쌓고 장기적인 성공을 이루었다. 경제적 변화와 사회적 흐름을 미리 읽고 대처하는 능력을 성공의 핵심 요인으로 보았다. 흐름을 읽는다는 것은 오늘날 언어로 시장조사에 기반한 전략적 의사결정일 것이다.

5. 비전과 가치

장사꾼은 돈을 보고 상인은 세상을 본다.

"장사꾼이 아닌 세상을 보는 상인이 되어야 한다."라고 강조했다. 그는 단순한 이익을 추구하는 장사꾼이 아니라 더 큰 비전을 가진 상인(경영자)이 되어야 한다고 주장했다. 경제적 성공에 그치지 않고 문화와 사회에도 기여하는 것이 진정한 성공이라고 믿었다. 기업은 단순한 이윤 창출을 넘어 사회적 가치를 창출해야 한다는 ESG 경영의 S(Social) 개념과도 맞닿아 있다.

이처럼 임상옥의 경영 철학은 시대를 초월해 오늘날에도 적용될 가치가 있는 통찰을 제공한다. 그는 단순한 상인이 아니라 시대를 앞선 경영자이자 철학적으로 정리된 경영학자의 면모를 지니고 있었다. 특히 사농공상 土農工商 의 신분 질서 속에서 상인의 지위가 낮았던 시대적 배경을 고려하면 그의 통찰력과 경영 방식은 더 놀라운 업적이라고 할 수 있다.

✓ Checkmate

조선 최고의 상인 임상옥은 오늘날의 경영 철학과도 맞닿아 있는 깊은 통찰을 우리에게 남겼다.

장사는 돈이 아니라 사람을 남기는 일이며 독점이 아닌 공정한 나눔을 통해 함께 성장해야 한다. 돈이 사람을 지배하면 망하고 사람이 돈을 다스릴 때 비로소 흥할 수 있다. 또한, 장사는 눈앞의 기회를 좇는 것이 아니라 흐름을 읽고 미리 준비하는 일이며 단순히 돈을 보는 장사꾼이 아니라 세상을 바라보는 상인의 안목을 갖추는 것이 중요하다.

임상옥의 철학은 시대를 초월해 사람 중심의 지속 가능한 경영이 왜 중요한지를 오늘날에도 깊이 있게 일깨워준다.

: 02

장군을 왜 제너럴이라고 부를까?

2002년 월드컵이 우리나라에서 열렸을 때 축구 해설가들은 '멀티플레이어'라는 용어를 자주 사용했다. 특히 이영표, 박지성 선수를 소개할 때 항상 멀티플레이어라고 표현했다. 그들은 다양한 포지션에서 뛰어도 무리 없이 경기를 이끌어갈 역량을 갖추고 있었다. 전혀 다른 포지션에서도 그 역할을 훌륭히 수행했고 이런 멀티플레이어들 덕분에 히딩크 감독은 다양한 전술을 효과적으로 운용할 수 있었을 것이다.

당시 기업에서도 멀티플레이어의 필요성이 부각되기 시작했다. 팀제와 수평 조직 flat organization의 도입 시기와 축구 해설에서 '멀티플레이어'가 자주 언급되기 시작한 시점이 겹치는 것은 우연이 아니라 의미 있는 흐름으로 보인다.

기업에서 멀티플레이어를 말할 때 제너럴-스페셜리스트 General Specialist라는 조어도 함께 설명하면 도움이 될 것 같다. 제너럴리스트와 스페셜리스트를 결합한 개념으로 특정 분야의 전문성을 갖추고 조직을 전체적으로 운영할 역량을 가진 사람을 뜻한다.

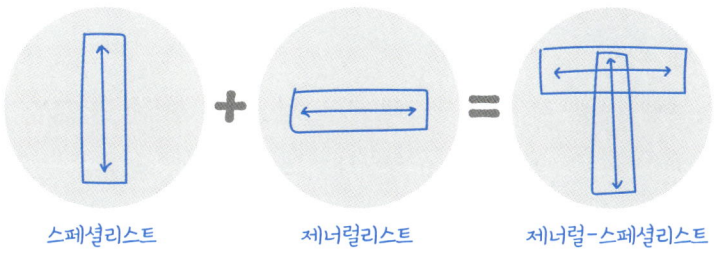

제너럴-스페셜리스트와 T-type 리더십

군에서는 장군을 영어로 제너럴 General이라고 부른다. 육군, 공군, 해병대 모두 이 용어를 사용하지만 해군은 예외다. 해군에서는 장군을 제독, 즉 애드미럴 Admiral 이라고 부른다. 이 단어는 '바다의 지배자'라는 뜻의 아랍어 Amīr al-baḥr에서 유래한 것으로 전해진다. 반면, 육군, 공군, 해병대에서 사용하는 제너럴은 '전체'를 의미하는 라틴어 generālis에서 유래했다.

즉, 장군은 전체를 지휘하는 사람을 뜻한다. 소위부터 대령까지는 보병, 포병, 기갑 등 각자의 병과 military occupational specialty 가 존재한다. 그러나 장군으로 진급하면 대령 때까지 달고 있던 병과 마크가 사라진다. 그리고 영어로 제너럴이라고 불린다. 장군이 되면 병과와 상관없이 전체를 지휘할 수 있으며 어떤 임무를 맡겨도 수행할 능력을 갖추어야 한다는 의미가 담겨 있다.

여기서 좀 더 깊이 생각해 보자. 장군으로 진급하기 전까지 오랜 기간 군 경력은 특정 병과에서 이루어진다. 보병장교로서 보병 전술을 익히고 포병장교는 화력 운용을 전문적으로 다루며 기갑장교는 전차 전투에 익숙해진다. 이렇게 장군이 되기 전까지는 한 분야의 전문가 specialist 로 성장한다.

그러나 장군으로 진급하는 순간 그의 병과 마크는 제복에서 사라진다. 더 이상 보병, 포병, 기갑 등 특정 분야의 전문가가 아니라 전투부대 전체를 지휘하는 역할을 맡는 것이다. 즉, 장군이 된다는 것은 특정 병과의 스페셜리스트를 넘어 전체를 지휘할 수 있는 제너럴리스트로 변모하는 과정이라고 볼 수 있다.

이는 기업에서 전문가가 경영자로 성장하면서 멀티플레이어나 제너럴-스페셜리스트로 서서히 변모하는 것과 비슷하다. 다양한 전문성을 지닌 리더들이 떠오른다. 예를 들어, 재무 전문가 출신 CEO, 마케팅 전문가였던 COO, IT에서 오랫동안 경력을 쌓은 CHRO 등을 쉽게 볼 수 있다.

기업이 멀티플레이어나 제너럴-스페셜리스트를 리더로 선호하는 데는 여러 가지 이유가 있겠지만 유연성이라는 강점이 있으며 특히 의사결정의 유연성을 기대할 수 있다.

한 사람이 은퇴할 때까지 한 분야에서만 근무한다고 가정해 보자. 이 경우, 그가 내리는 의사결정은 자신이 속한 부서나 분야를 대변하는 방향으로 흐르기 쉬울 것이다. 그는 앞으로도 계속 같은 분야에서 일할 것이므로 자신의 분야에 유리한 결정을 내리려는 무의식적 경향이 생길 수 있다.

반면, 멀티플레이어나 제너럴-스페셜리스트는 전체를 고려한 의사결정을 내릴 확률이 높다. 이들은 한 가지 직무에 국한되지 않고 다른 분야에서 일할 가능성이 크다. 따라서 자신이 속한 분야만 고려한 의사결정을 내릴 가능성이 줄어든다. 당장 내일이라도 다른 부서로 이동할 수 있기 때문이다.

의사결정뿐만 아니라 조직관리에서도 이런 리더는 강점을 가진다. 다양한 분야를 경험한 리더는 각 부서의 특성과 업무 방식을 이해하고 조직의 다양성을 존중하며 협력할 확률이 높다. 이런 리더는 협업을 촉진하고 소통 장벽을 낮추며 부서 간 시너지를 극대화하는 역할을 한다.

리더의 자리가 갑자기 공석이 되었을 때 조직 내에 멀티플레이어나 제너럴-스페셜리스트가 있다면 신속히 대체할 수 있다. 기업이 지속가능성을 확보하려면 핵심 인재의 승계 계획 succession plan을 철저히 준비해야 한다. 그러나 현실에서는 승계 계획이 완성되지 않은 채 중요한 인재를 갑자기 잃는 경우가 종종 발생한다.

이때 멀티플레이어나 제너럴-스페셜리스트는 훌륭한 백업 자원이 된다. 다양한 역할을 수행할 수 있는 인재가 많을수록 조직은 위기 상황에서도 유연하게 대처하고 안정적으로 운영될 수 있다. 멀티플레이어와 제너럴-스페셜리스트가 많다는 것은 그만큼 '역량 있는 후보선수strong bench'를 많이 확보하고 있다는 의미다.

이런 점에서 보면 기업에서 리더를 육성하는 과정은 장군이 병과를 초월해 전체를 지휘하는 역할로 변모하는 것과 매우 유사한 패턴을 보인다. 궁극적으로 중요한 것은 '부분'이 아닌 '전체'를 보는 능력이며 이것이 리더에게 요구되는 핵심 역량이다.

이제 여러분이 조직 내에서 성공하는 방향도 분명해졌을 것이다. 우선 자신의 분야에서 확실한 전문성을 쌓아야 한다. 그리고 조직 전체를 이해하고 판단할 수 있도록 사고의 폭을 넓혀야 한다. 단순히 특정 직무에서 뛰어난 전문가가 되는 것을 넘어 다양한 경험을 쌓고 조직 전체를 고려하는 사고방식을 익히며 변화에 유연하게 대처할 수 있는 인재로 성장하는 것이다. 이것은 어느 조직에서나 원하는 인재상이다.

한 분야에서 탁월한 스페셜리스트로 성장하면서 조직 전체를 볼 줄 아는 제너럴리스트의 마인드도 함께 갖춘다면, 즉 제너럴-스페셜리스트가 된다면 리더십을 발휘할 기회는 자연스럽게 열릴 것이다.

✓ Checkmate

제너럴-스페셜리스트는 제너럴리스트와 스페셜리스트의 강점을 결합한 인재를 의미한다. 즉, 특정 분야의 전문성을 갖추면서 조직 전체를 이해하고 운영할 수 있는 역량을 가진 사람이다.

장군이 하나의 병과에서 출발해 전체를 지휘하는 리더로 성장하듯이 조직에서도 부분이 아닌 전체를 보는 통찰력과 사고를 갖춘 인재가 리더로 발탁된다. 기업이 제너럴-스페셜리스트를 육성하고 확보하려는 이유는 단순한 인재 양성을 넘어 '역량 있는 후보선수'를 준비하는 전략적 목적이 있기 때문이다.

결국 전문성과 전체적 사고를 함께 갖춘 제너럴-스페셜리스트로 성장한다면 리더십을 발휘할 기회는 자연스럽게 열릴 것이다.

03

CEO의 이해관계자,
고객(C), 직원(E), 주주(O)

오늘날 기업 경영은 더 이상 주주만을 위한 것이 아니다. 고객, 직원, 지역사회 등 다양한 이해관계자의 만족을 동시에 고려해야 성장과 지속 경영이 가능하다. 특히 ESG(환경 Environment, 사회 Social, 거버넌스 Governance)가 기업 세미나의 주요 주제가 된 이후 경영자와 실무자 모두 이해관계자 중심 사고를 더 중요하게 인식하고 있다.

2008년 당시 필자가 근무하던 기업과 미국의 유명 대학이 공동으로 진행하는 경영자 교육 프로그램에 참여할 기회가 있었다.

그 과정에서 많은 내용을 배우고 다양한 사람을 만났는데 특히 지금까지도 기억나는 교수가 있다. 모리스 사이어스Maurice Saias 라는 프랑스 출신 노교수의 이야기다.

그는 교육 프로그램에서 경영전략에 대한 다양한 주제를 온종일 강의했다. 가장 놀랍고 감동적이었던 것은 그의 넘치는 에너지였다. 당시 60대 중후반으로 보였던 그는 아침부터 저녁까지 강의 내내 강한 에너지를 발산했다. 강의 내용도 논리적이었고 새로운 시각을 제시해 개인적으로도 매우 만족스러웠다. 특히 수강생들이 스스로 참여하도록 유도하는 교수법이 매우 인상적이었다. 그 과정에서 노교수가 농담을 섞어가며 설명한 기업의 사회적 책임과 이해관계자 경영 이론이 지금도 기억난다.

무엇보다 기억에 남는 것은 사이어스 교수가 설명한 'CEO의 새로운 정의'였다. 우리가 흔히 알고 있는 CEO는 Chief Executive Officer의 약자다. 기업을 대표하는 CEO는 수많은 이해관계자와 관계를 유지해야 하고 그들의 니즈를 충족시키는 동시에 이해관계를 조정하는 역할을 해야 한다.

그날 사이어스 교수는 CEO를 새로운 관점에서 정의했다. 그는 CEO를 'Customer, Employee, Owner'의 약자로 재해석하며 최고경영자는 이 세 그룹의 이해관계자와 가장 밀접한 관계를 맺고 심지어 섬겨야 할 대상이라고 설명했다. 또한, CEO의 성공과 실패는 이 세 그룹을 얼마나 만족시키느냐에 달려있다고 주장했다.

그리고 이해관계자들의 요구가 충돌할 때 의사결정을 내리는 우선순위도 설명했다. 그의 원칙에 따르면 CEO의 이니셜 순서대로 우선순위가 정해진다. 즉, 고객(C)의 요구를 최우선으로 충족시키고 그다음으로 직원(E)의 만족을 고려하고 마지막으로 주주(O)의 이익을 생각해야 한다. 이 원칙은 일반적인 기업 경영에서 주주를 가장 중요한 이해관계자로 여기는 전통적인 시각과 차이가 있다.

CEO의 우선순위는 고객 > 직원 > 주주

CEO는 기존 역할에서 한 걸음 더 나아가 이해관계자가 필요로 하는 가치를 제공하는 '서비스 제공자'로 다시 정의될 필요가 있다. 전통적으로 우리는 주주를 기업의 가장 중요한 이해관계자로 생각해 왔다. 주주는 기업이 존재할 수 있도록 자본을 투입한 핵심 이해관계자이며 경영 성과가 만족스럽지 않으면 언제든지 투자금을 회수하고 떠날 수 있는 존재이기 때문이다. 하지만 사이어스 교수의 접근 방식은 기존 사고방식과 달랐다. 그의 설명은 오히려 단순하면서도 명쾌했다.

> "CEO가 고객을 만족시키고 직원을 만족시키면
> 기업의 경영 성과도 자연스럽게 좋아진다."

즉, 고객 만족은 매출 증가로 이어지고 직원 만족은 생산성과 품질 향상을 가져온다. 결과적으로 기업의 이익이 증가하고 지속 가능성도 높아진다. 즉, 기업의 가치가 향상되고 배당 확대와 주가 상승으로 이어지므로 주주가 불만을 가질 이유가 없다는 설명이다.

따라서 CEO는 핵심 이해관계자에게 서비스를 제공할 때 고객(C) → 직원(E) → 주주(O) 순으로 우선순위를 부여하는 것이 논리적이라고 주장했다.

이는 전통적인 주주 중심 경영과 대비되는 관점으로 경영자들이 두고두고 고민해 볼 만한 중요한 통찰이다.

✓ Checkmate

오늘날의 CEO는 단순한 경영자가 아니라 이해관계자에게 가치를 제공하는 서비스 제공자로 재정의되어야 한다.

모리스 사이어스 교수는 CEO를 Customer(고객), Employee(직원), Owner(주주)의 약자로 새롭게 해석하며 경영의 우선순위는 고객 → 직원 → 주주 순으로 설정되어야 한다고 주장했다.

이 순서는 경영 성과 측면에서도 유효하다. 따라서 현대의 CEO는 이해관계자 모두에게 지속 가능한 가치를 창출하는 리더십을 실천해야 한다. 진정한 CEO는 통제자가 아니라 이해관계자의 성장을 설계하고 조율하는 가치 중심의 리더다.

04

분석 범람, 통찰 부족. 숫자 속에서 스토리를 찾아라

　필자가 최근에 읽은 책 서문에서 가슴에 확 와닿은 말이 있다. 그 느낌을 다시 되새겨 보고 싶었다. 그 책의 저자는 오늘날의 경영을 이야기하며 다음과 같은 촌철살인의 메시지를 던졌다.

分析氾濫 洞察不足
분석범람 통찰부족

　오늘날 수많은 정보가 말 그대로 홍수처럼 범람하고 있다. 인터넷을 비롯해 각종 미디어, 연구기관, 기업 내부에서 생성되는 엄청난 양의 경영 관련 정보와 분석 자료가 매일 쏟아져 나오고 있다. 물론 제대로 된 정보와 그 정보를 예리하게 분석한 내용은 경영자의 의사결정에 분명히 많은 도움을 준다. 하지만 요즘 경영자들이 자신의 의사결정에 대해 너무 자신감이 없고 다른 뭔가에 의존하려는 것 같다는 생각이 종종 든다. 심지어 스스로 내린 의사결정이 잘못되었을 경우, 누구에게든 무엇이든 핑곗거리를 만들어 스스로 뒤로 숨으려는 치졸한 태도로 분석 자료에 매달리는 것 같다는 부정적인 생각도 하게 된다.

언젠가 기업에서 임원으로 근무하던 한 선배가 푸념하듯 자기 회사 대표 이야기를 한 적이 있다.

그 보스는 스스로 의사결정을 다 내려놓고도 외국의 유명 컨설팅 회사를 고용해 컨설턴트에게 자신의 결정을 합리화할 수 있는 분석 자료를 요구했다고 한다. 어떤 경우에는 컨설팅 보고서라는 전문가의 입을 빌려 마치 새로운 제안을 받은 것처럼 형식을 취하기도 했다. 그 대표는 컨설턴트의 보고서가 훨씬 설득력 있어 그렇게 한다고 했지만 그러기에는 감당해야 할 비용이 지나치게 컸다. 결국 이는 전문가를 이용한 설득의 힘을 넘어 만일의 경우를 대비한 면피 전략 같아 더 씁쓸하다.

다양한 정보의 수집과 분석력은 오늘날과 같은 복잡한 경영 환경에서 매우 중요한 기능이며 분석 결과에 의존하지 않는 경영자는 없을 것이다. 하지만 분석 자료에 너무 의존해 경영자가 가져야 할 통찰력을 소홀히 하거나 아예 무시한다면 그것도 바람직한 것은 아니다. 오히려 복잡하게 얽힌 사안일수록 지혜와 경륜을 갖춘 경영자의 통찰력이 정답에 가까울 수 있다. 그리고 통찰을 바탕으로 의사결정을 내린 경우, 그 일을 성공시키려는 실행력도 더 강해지는 것을 현장에서 많이 보아왔다. 분석 자료와 달리 자신의 통찰에 의존해 내린 결정이므로 경영자는 더 많은 관심을 가지고 집중하게 된다.

스티브 잡스는 혁신적인 제품을 개발할 때 시장조사를 별로 중시하지 않았다고 한다. 매킨토시를 공개할 당시 시장조사를 어떻게 했냐고 묻는 기자의 질문에 그는 이렇게 대답했다. "알렉산더 그레이엄 벨은 시장조사 같은 것을 하고 전화를 발명했을까요? 천만의 말씀!" 그의 이런 철학은 고객이 무엇을 원하는지 직접 묻기보다 그들이 상상하지 못한 혁신적인 제품을 먼저 만들어 제시하는 데 집중한 점에서 잘 드러난다.

오해하지 않길 바란다. 며칠 동안 고생해가며 준비한 분석 자료가 필요 없다는 말이 아니다. 다만, 분석 결과에만 올인하는 경영자가 되지 말라는 뜻이다. 수십 년의 경험에서 나오는 통찰력을 함부로 무시해선 안 된다는 말이다.

대부분의 분석 자료는 숫자, 그래프, 표로 구성되어 있다. 이를 단순한 데이터로 보지 않고 그 안에 숨은 스토리를 읽어내는 연습이 필요하다.

40년이 지난 이야기이지만 포병학교에서 독도법land navigation 교관이 신임 소위들에게 전해준 메시지가 아직도 기억에 남는다. 그는 "독도법을 제대로 마스터해야 야전에서 시행착오 없이 목표 위치를 찾을 수 있다. 소대장을 따라 움직이는 병사들을 위해서라도 제대로 공부해야 한다."라고 독도법의 중요성을 먼저 강조했다. 그리고 독도법을 완전히 이해했다고 생각되면 군사지도를 펼쳐 놓고 스스로 테스트해 보라며 다음과 같이 말했다.

> "지도를 보면서 물소리와 새소리가 들리고 풀냄새가 난다면 그때야말로 독도법을 완벽히 이해한 것이다.
> 그렇지 않다면 상큼한 풀냄새가 다가오고 졸졸 흐르는 개울물 소리가 들릴 때까지 끝없이 지도에 집중하라."

복잡한 분석 자료를 해석하는 데 군사지도를 읽는 원리를 응용해 보자. 숫자와 기호로 가득 찬 자료를 단순히 데이터로만 받아들이지 말고 그 속에서 경쟁업체, 고객, 시장이 전해주는 이야기를 찾아내야 한다.

경영자에게 요구되는 것은 밤새워 작성한 분석 자료 속에 숨겨진 이야기를 찾아내 이를 다음 이야기로 연결하는 날카로운 통찰력이다. 이는 조직 구성원들이 경영자에게 기대하는 핵심적인 역할이기도 하다.

숫자를 숫자로만 읽고 표를 표로만 이해하는 사람은 '하수下手'다. '고수高手'는 어떤 자료를 보더라도 그 안에 숨은 이야기를 찾아내고 다음 이야기를 만들 수 있는 사람이다.

✓ Checkmate

오늘날의 경영환경은 분석은 넘치고 통찰은 부족한 시대다. 숫자와 표로 구성된 분석 자료에 지나치게 의존하고 그 이면에 담긴 의미를 놓친다면 경영자로서 바람직한 자세라고 할 수 없다.

숫자를 숫자로만, 표를 표로만 읽는 사람은 하수다. 반면, 고수는 어떤 자료를 보더라도 그 속에서 숨은 이야기와 흐름을 읽어내고 다음 전략을 설계할 수 있는 사람이다. 진정한 경영자는 데이터 속에 시장, 고객, 경쟁의 움직임을 통찰하고 이를 바탕으로 방향을 제시할 수 있어야 한다.

분석은 출발점이고 통찰은 도착점이다. 그 둘을 연결하는 것이 경영자의 핵심 역할이다.

05

침몰하는 기업의 시그널,
단지 시간의 문제일 뿐이다

　기업 경영을 분석할 때 우리는 흔히 외부로 드러난 숫자와 지표에 집중한다.
　재무팀은 숫자, 특히 회계 정보를 기반으로 회사의 수익성과 성장성, 위험성 등의 신호를 측정한다. 마케팅팀은 매출 데이터를 분석해 기존 고객의 소개referral로 창출된 신규 고객 수, 기존 고객의 재구매율repurchase rate, 고객만족지수, 민원 발생률 등을 바탕으로 사업 전망을 예측한다. 인사팀에서는 직원 퇴사율attrition rate이나 직원 만족지수employee satisfaction index와 같은 인력 관련 지표를 분석해 향후 인사관리 방향을 가늠하곤 한다.

모두 나름대로 의미 있는 접근 방식이다. 그러나 진짜 중요한 것은 숫자가 아니라 조직 내부의 '건강성'이다. 특히 내부 서비스 수준은 기업이 얼마나 건강하고 지속 가능하게 운영되고 있는지를 보여주는 결정적 신호다. 일반적인 접근 방식과는 조금 다른 시각에서 경영자가 관심을 가지고 주의 깊게 살펴볼 만한 시그널에 대해 이야기해 보고자 한다.

고객을 직접 만나거나 소통하며 업무를 수행하는 영업사원이나 서비스 직원에게 가장 중요한 이해관계자는 판매하는 제품이나 서비스의 최종 소비자일 것이다. 하지만 직접 응대하는 현장 직원이 고객에게 좋은 제품과 서비스를 제공하는 것은 그들의 노력만으로는 어려울 수 있다.

이들처럼 현장에서 고객을 직접 상대하는 영업 부서나 서비스 부서를 일반적으로 일선 부서 front office라고 부른다. 그리고 고객에게 최상의 서비스가 제공되도록 일선 부서를 직접 지원하는 부서를 지원 부서 middle office라고 부른다. 그리고 지원 부서의 어려움을 해결하기 위해 후선 부서 back office의 도움이 필요할 때도 있다.

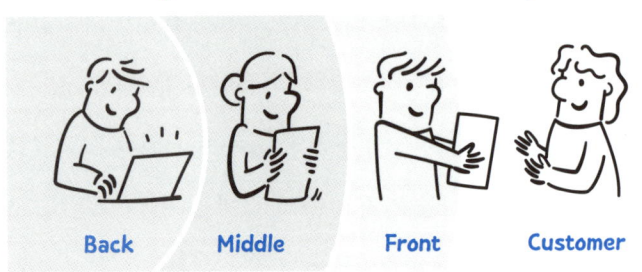

내부 서비스와 외부 서비스

지원 부서가 일선 부서를 지원하거나 후선 부서가 지원 부서를 도와주는 것을 모두 내부 서비스internal service라고 한다. 이런 관점에서 보면 일선 부서에서 영업과 서비스를 담당하는 직원은 지원 부서와 후선 부서의 주요 고객이 된다. 즉, 일선 부서는 지원 부서나 후선 부서의 내부 고객이 되는 것이다. 마찬가지로 지원 부서는 후선 부서의 고객이 된다.

매우 단순하고 지극히 상식적인 개념이지만 이를 제대로 이해하지 못하는 기업을 종종 보게 된다. 평소 알고 지내는 기업의 관리자나 임원과 이야기 나눌 기회가 있을 때 필자는 우회적으로 이런 이야기를 전하곤 한다. 그러면 어떤 의미인지 눈치채고 당황하는 사람도 있고 반대로 그동안의 사정을 아는지 모르는지 별 반응이 없는 경우도 가끔 있다.

경쟁이 치열한 시장에서 특정 기업이 어느 정도의 생존력을 갖추고 있는지, 앞으로 성장하고 발전할 수 있는 조직인지 판단하는 방법이 있다. 조금 다르게 표현하면 살아남을 기업인지, 조만간 도태될 기업인지 가늠하는 기준이 될 수 있다. 물론 이 방법의 판단 정확도를 묻는다면 확신할 만한 정량적 답을 주기는 어렵다. 하지만 단 한 번의 관찰만으로도 그 회사의 장기적 운명을 어느 정도 예측할 수 있다는 점에서 나름대로 의미가 있다고 생각한다. 그리고 숫자와 지표를 활용한 분석 기법들과 함께 활용한다면 더 정교한 판단이 가능할 것이다.

그 방법은 바로 지원 부서나 후선 부서가 일선 부서를 어떻게 인식하고 있는지, 그리고 그들이 제공하는 내부 서비스 수준을 살펴보는 것이다. 내부 서비스의 현재 수준과 제공 방식을 살펴보면 재무제표나 다른 자료의 도움 없이 그 기업의 성과와 지속 가능성을 가늠할 수 있다.

복잡하고 다양하게 변화하는 고객의 욕구를 충족시키기 위해서는 내부 서비스의 품질과 적시 공급이 필수적이다. 내부 서비스가 원활하지 않으면 고객에게 의미 있는 외부 서비스external service를 제공하는 것은 거의 불가능하다.

이를 축구팀 포지션에 비유하면 이해하기 쉬울 것이다. 공격수, 미드필더, 수비수의 역할이 조화를 이루어야 팀이 제대로 운영된다. 탄탄한 수비와 미드필더의 지원 없이 공격수가 득점을 올리기는 어렵다. 설령 운 좋게 득점하더라도 조직력이 무너진 상태에서 더 많이 실점하면 경기는 패배로 끝나고 만다.

똑같은 원리다. 역량 있는 지원 부서와 후선 부서의 수준 높은 내부 서비스는 일선 부서가 고객을 만나 판매하고 서비스를 제공하는 데 필수적이다. 그러나 지원 부서나 후선 부서가 본연의 역할을 잊어버리고 힘 있는 권력 부서로 변하기 시작하면 조직은 심각한 문제에 직면한다. 특히 고객을 직접 만나는 일선 부서가 고객에게 집중하기보다 지원 부서나 후선 부서와의 관계 유지에 더 많은 시간과 노력을 소비한다면 100% 망할 기업이라고 해도 과언이 아니다. 단지 시간의 문제일 뿐이다.

✓ Checkmate ───────────────────────────────

기업의 경쟁력은 외부 고객에게 제공하는 서비스보다 먼저 내부 고객에게 제공되는 서비스 수준에서 드러난다. 이런 맥락에서 일선 부서, 지원 부서, 후선 부서의 기능과 역할을 정확히 이해하고 조직 내에서 내부 서비스가 어떻게 제공되고 있는지 체계적으로 점검해야 한다.

내부 서비스의 수준과 제공 방식은 기업의 성과와 지속 가능성을 예측할 수 있는 핵심 지표다. 특히 고객과 직접 소통하는 일선 부서가 외부 고객보다 내부 지원 부서와의 관계 유지에 더 많은 에너지를 쏟고 있다면 그 조직은 이미 무너지기 시작한 것이다.

따라서 기업은 외부 고객 만족을 논하기에 앞서 내부 고객에 대한 서비스 구조부터 먼저 정비해야 한다.

좋은 내부 서비스가 탁월한 외부 서비스로 이어지며 그것이 기업의 미래를 결정한다는 점을 잊지 말아야 한다.

06

인터넷, 로봇, 인공지능.
디지털 트랜스포메이션

 세상이 너무 빨리 변해 따라가기도 벅차다. 매일 새로운 기술과 이야기가 쏟아져 나오고 있다. 최근 OpenAI가 개발한 ChatGPT가 사람들의 이목을 사로잡더니 하루가 다르게 다양한 AI 기술이 새로운 뉴스로 등장한다. 이처럼 감당하기 어려울 정도로 혁신적인 기술들이 속속 등장하는 시대를 살아가고 있다. 그냥 기술 이야기로만 끝나면 좋겠지만 불행히도 이런 변화들은 곧바로 기업활동에 영향을 미친다.

 인터넷, 로봇, 인공지능은 단순한 기술 발전 수준을 넘어 기업의 전략과 운영 방식을 근본적으로 변화시키는 게임체인저가 되고 있다. 그리고 다른 게임체인저들이 계속 등장할 것이다.

기술이 세상을 바꾸는 오늘날, 기업은 단순히 새로운 기술을 받아들이는 것을 넘어 그것을 어떻게 활용하고 어떤 방향으로 혁신할지를 고민해야 할 시대에 놓여 있다. 특히 기업 경영에 결정적인 변화를 일으킨 세 가지 게임체인저를 살펴보자.

첫 번째 게임체인저: 인터넷

인터넷의 등장으로 기업 운영의 기반이 완전히 바뀌었다. 인터넷 이전 기업들은 물리적 공간과 오프라인 채널을 중심으로 운영되었지만 인터넷은 디지털 기반을 제공하며 기업 운영 방식을 근본적으로 변화시켰다.

인터넷을 통해 기업들은 고객과의 상호작용을 강화하고 시장에 더 손쉽게 접근하며 효율적인 커뮤니케이션과 데이터 교환을 실현하게 되었다. 인터넷 이후 전자상거래e-Commerce, 디지털 마케팅, 클라우드 컴퓨팅, 화상회의 등 기업 운영 방식이 획기적으로 바뀌었고 기업과 고객, 기업과 공급망, 내부 프로세스 간 연결성이 극대화되었다.

인터넷은 기업과 고객의 관계를 재정의하고 데이터에 기반한 전략을 가능하게 만든 혁신의 시작점이었다. 그러나 인터넷만으로는 충분하지 않았다. 생산성과 운영 효율성 극대화를 위해 새로운 기술이 필요했고 로봇 기술이 새로운 기술로 등장했다.

두 번째 게임체인저: 로봇

로봇 기술은 초기에는 자동화를 통해 원가를 절감하는 효율성과 품질을 향상시키는 정확성에 중점적으로 활용되었다. 그러나 현재는 생산, 물류, 의료, 금융, 서비스업 등 다양한 산업 분야로 그 활용 범위가 확대되고 있다.

스마트 팩토리는 이제 생산의 핵심 개념이 되었으며 자동화 생산 라인뿐만 아니라 협동 로봇cobot이 인간과 함께 작업하며 효율성을 높이고 있다. 물류 산업에서는 자율주행 로봇을 활용한 창고 자동화가 고도화되고 있고 드론 배송도 점점 실용화되고 있다.

서비스업에서는 챗봇 도입을 통해 24시간 고객 서비스 체계를 구축 중이며 의료 분야에서도 수술 지원 로봇과 약 조제 로봇이 등장해 의료진 업무를 보조하고 있다. 한편, 우크라이나-러시아 전쟁 관련 뉴스를 보면 드론이 주요 전투 자원으로 활용되고 위험한 임무에 로봇이 투입되는 사례가 점점 증가하고 있다.

이처럼 로봇 기술은 프로세스를 자동화하고 노동력을 보완하며 운영 효율성을 극대화하는 역할을 하고 있다.

세 번째 게임체인저: 인공지능

인공지능은 기대와 두려움을 동시에 주는 기술이다. 인공지능의 가장 큰 특징은 스스로 학습하는 능력을 갖추고 있다는 것이다. 단순한 자동화 시스템과 달리 인공지능은 통계적 모델링, 머신러닝, 딥러닝, 강화학습 등을 활용해 미래를 예측하며 정확도를 계속 높여가고 있다. 다양한 산업에서 인공지능을 활용해 소비자에게 추천 시스템을 제공하고 있다.

예를 들어, 유튜브와 넷플릭스의 알고리즘은 사용자의 선호도를 분석해 맞춤형 콘텐츠를 제공한다. 또한, 인공지능은 챗

봇과 자동화 솔루션을 통해 업무 속도를 획기적으로 향상시키며 금융, 법률, 의료 등의 서비스 분야에서 의사결정을 지원하는 수준으로까지 발전하고 있다. 그러나 인공지능이 의사결정을 지원하는 수준을 넘어 언젠가는 주도적으로 의사결정을 내리게 될지도 모른다는 우려도 제기되고 있다.

그렇다면 경영에서도 인공지능이 모든 문제를 해결할 수 있을까? 이와 관련해 "인공지능은 왜 믿을 수 없을 정도로 똑똑하면서도 충격적일 만큼 멍청한가?"라고 질문하는 전문가들의 메시지를 곱씹어볼 필요가 있다.

전문가들이 업무를 진행할 때 중요하게 여기는 개념 중 하나는 '피어 리뷰peer review'다. 이는 중요한 자료를 작성하거나 의사결정을 내릴 때 자신의 판단에만 의존하지 않고 동료 전문가의 검토를 거치는 과정을 말한다. 마찬가지로 인공지능이 생성한 결과물은 경영자가 피어 리뷰를 직접 수행해 리스크 관리를 해야 한다. 이는 인공지능을 활용할 때 필수적인 방어 전략이 될 것이다.

과거에는 영업, 생산, 재무, 인사 등 부문별로 전략을 수립한 후 이를 통합·조정해 전사적인 전략으로 운영했다. 이제는 디지털 트랜스포메이션Digital Transformation, DX이 모든 부문의 최우선 전략으로 자리잡고 있다. DX란 새로운 디지털 기술을 활용해 비즈니스의 모든 영역을 혁신하는 과정을 말한다. 이를 통해 기업 운영 방식을 근본적으로 변화시키고 새로운 가치를 고객에게 제공한다.

DX는 단순히 새로운 기술을 도입하는 것만 의미하지는 않는다. DX는 업무 프로세스와 비즈니스 모델을 포함한 전반적인 변화를 요구하며 급변하는 환경에서 기업이 경쟁우위를 꾸준히 확보하도록 도와준다. 즉, DX는 단순한 기술 혁신이 아니라 기업이 생존·성장하는 데 핵심적인 전략이 되었다. DX를 성공적으로 수행하는 기업만 미래에도 경쟁력을 유지할 수 있을 것이다.

인터넷은 정보의 흐름과 시장의 구조를 변화시켰고 로봇은 생산성과 운영 효율성을 극대화했다. 그리고 인공지능은 기업의 의사결정과 혁신을 가속화하고 있다. 그러나 지금까지의 혁신이 끝이 아니다. 우리가 상상도 못한 새로운 기술이 언제 등장할지 아무도 모른다. DX는 이런 기술을 융합해 기업의 경쟁력을 강화하는 전략이다. 그러므로 DX는 경영의 A부터 Z까지 모든 요소와 연결되는 중심 전략이 될 것이다.

경영자는 새로운 기술을 직접 개발하는 사람이 아니라 신기술을 기업활동과 연결하고 융합해 성과를 만들어내는 사람이다. 새로운 기술이 등장하면 그 기술을 빨리 이해하고 전략적으로 활용하는 것이 경영자의 핵심 역할임을 기억해야 한다. 기술 혁신을 기회 삼아 기업의 미래를 준비하는 것이 진정한 경영자다.

피할 수 없다면 즐겨야 한다.

✓ Checkmate

인터넷, 로봇, AI와 같은 기술 변화는 단순한 도입을 넘어 비즈니스 전반을 혁신하는 디지털 트랜스포메이션(DX)으로 이어진다. DX는 기업 운영 방식을 재설계하고 고객에게 새로운 가치를 제공하는 총체적 변화의 과정이다.

이 시대의 경영자는 신기술을 직접 개발하는 사람이 아니라 신기술을 전략적으로 연결하고 융합해 기업의 성과로 전환하는 사람, 즉 기술과 비즈니스를 연결하는 설계자가 되어야 한다.

07

혁신과 변화관리,
하나만으로는 부족하다

　기업을 둘러싼 환경은 지금 이 순간에도 끊임없이 변화하고 있다. 기업이 지속적으로 성장하기 위해서는 변화에 적응하고 이를 극복하고 나아가 변화를 기회로 전환할 수 있어야 한다. 이를 위해서는 혁신 innovation이 반드시 필요하다. 그러나 혁신이 성공적으로 자리잡고 조직에 뿌리내리려면 변화관리 change management가 반드시 동반되어야 한다.

　실제로 혁신에 성공한 것처럼 보였던 기업이 어느 순간 다시 원래 모습으로 돌아가는 경우를 종종 목격하게 된다. 이는 변화관리에 실패했기 때문이다. 반대로 혁신 없이 변화관리에만 집중하면 개선은 어느 정도 이룰 수 있지만 근본적인 혁신은 달성할 수 없다.

결국 혁신과 변화관리는 서로 뗄 수 없는 두 개의 축이며 이를 유기적으로 결합해야 기업이 장기적으로 생존하고 성장할 수 있다. '형님 먼저, 아우 먼저'라는 광고 문구가 문득 떠오른다. 혁신과 변화관리는 어느 한쪽이 먼저가 아니라 함께 가야 한다는 점에서 이 문구와 비슷한 것 같다.

혁신은 단순한 개선과는 다르다. 기존 방식과 패러다임을 초월해 차별화된 경쟁력을 확보하는 것이 혁신의 핵심이며 완전히 새로운 가치를 창출하는 과정이다.

기업 구성원에게는 BPR Business Process Reengineering과 PI Process Innovation라는 용어가 더 익숙할 수 있다. BPR은 업무 프로세스의 근본적인 재설계를 목표로 하는 반면 PI는 현재의 프로세스를 지속적으로 개선하는 혁신 활동을 의미한다.

BPR은 1990년대 초반 미국 기업들이 글로벌 경쟁 심화와 기술 변화에 직면하면서 등장한 개념이다. 단순한 업무 효율화로는 생존할 수 없는 상황에서 기존 업무 방식을 처음부터 근본적으로 다시 설계해 비약적인 성과를 추구하는 접근이었다. 단순히 '조금씩 고치는 것'이 아니라 완전히 새롭게 재구성하는 것을 강조했다.

반면, PI는 대대적인 구조 혁신이 필요한 상황이 아닐 때 기존 프로세스를 지속적으로 개선해나가는 전략이다. 대규모 변화를 추진하기에는 비용이나 리스크가 클 경우, 작은 혁신을 연속적으로 시도해 전체 성과를 끌어올리는 접근이 적합하다.

즉, BPR이 근본적이고 획기적인 혁신을 통해 기존 틀을 깨는 방식이라면 PI는 현재의 프로세스를 점진적으로 개선해 혁신을 추구하는 방식이다. 기업의 환경과 상황에 따라 BPR과 PI는 각각 적절히 선택되어야 하며 때로는 두 방식을 유연하게 병행하는 지혜도 필요하다.

혁신이 필요한 이유는 시대마다 다르게 나타난다. 지금 우리가 마주한 혁신의 필요성은 급격한 기술 변화에서 비롯된다. 4차 산업혁명, 빅데이터, 로봇, 인공지능 등의 기술 발전은 기업이 새로운 방식으로 경쟁할 것을 강하게 요구하고 있다. 그리고 기술 변화만큼 빨리 변화하는 것이 소비자의 생각과 행동이다. 달리 표현하면 소비자의 기대가 변화하고 있다. 소비자들은 제품이나 서비스의 단순한 제공을 넘어 더 빠르고 더 효율적이고 더 개인화된 경험을 원하고 있다.

여기에 더해 통신과 수송 수단의 발달로 시작된 글로벌 경쟁은 이제 발전 단계를 넘어 심화 단계에 접어들었다. 과거와 달리 국내 시장만 대상으로 하는 기업활동은 점점 어려워지고 있다. 이제 기업은 어떤 형태로든 글로벌 시장에서 경쟁할 수밖에 없는 환경에 놓여 있으며 혁신 없이는 지속적인 생존과 성장이 불가능한 시대가 되었다.

이런 환경에서 혁신하지 않는 기업은 도태될 수밖에 없다.

하지만 혁신만으로 충분할까? 혁신은 기업의 생존과 성장에 필수 요소이지만 혁신이 지속하려면 변화관리로 연결되어야 한다. 변화관리는 조직에 새로운 방식이 정착되고 구성원들이 이를 자연스럽게 받아들이게 하는 과정이다.

많은 기업이 혁신을 시도하지만 변화관리의 부족으로 실패를 경험한다. 새로운 기술을 도입해도 구성원들이 계속 활용하지 않으면 기대했던 효과는 사라지고 만다. 조직을 혁신적으로 재구축하더라도 조직 문화가 바뀌지 않으면 변화된 것은 조직도뿐이다. 컨설팅 업체의 도움을 받아 훌륭한 전략을 수립하더라도 구성원들이 이를 수용하지 않으면 파워포인트 자료로만 남을 뿐이다. 변화관리에 실패하면 원래 상태로 서서히 돌아가고 만다.

넷플릭스는 DVD 대여업에서 스트리밍 서비스로 전환하는 혁신을 이루었다. 하지만 단순히 새로운 기술을 도입하는 것만으로는 성공할 수 없었다. 넷플릭스는 전체 조직이 새로운 전략을 수용하고 실행하도록 변화관리에 집중했다. 이를 통해 혁신이 단순한 실험에 그치지 않고 기업의 근본적인 변화로 자리잡을 수 있었다. 넷플릭스의 사례는 혁신과 변화관리가 하나로 연결되어야 한다는 점을 잘 보여준다.

변화관리를 위한 실행 모델로 프로사이 Prosci 컨설팅에서 개발한 ADKAR 모델을 소개한다. 이 모델은 단계별로 명확한 목표와 실행 방안을 제시해 실무적으로 활용하기 편리하다. ADKAR

은 다음과 같은 다섯 가지 핵심 단계로 구성된다.

A (Awareness, 인지)

변화의 필요성을 인식시키는 단계다. "왜 변화해야 하는가?"라는 질문이 핵심이며 구성원들이 변화의 당위성을 깨닫도록 도와주는 과정이다.

D (Desire, 욕구)

변화에 대한 구성원의 욕구를 형성하는 단계다. 단순히 변화의 필요성을 이해하는 것을 넘어 "구성원들이 변화를 원하고 적극적으로 참여하려는 의지가 있는가?"가 핵심이다.

K (Knowledge, 지식)

변화를 수행하는 데 필요한 지식을 습득하는 단계다. 변화해야 한다는 것을 단순히 아는 것만으로는 부족하며 "어떻게 실행할 것인가?"에 대한 명확한 이해가 필요하다.

A (Ability, 역량)

변화를 실제로 실행할 역량을 확보하는 단계다. 구성원들이 변화의 필요성을 알고 이를 수행할 지식을 갖추었더라도 실제 행동으로 옮길 능력이 없다면 변화는 정착될 수 없다. 따라서 변화 수행을 위한 실질적인 역량 강화가 필수적이다.

Ⓡ (Reinforcement, 강화)

변화를 조직 내에 정착시키고 지속적으로 유지하는 단계다. 변화는 한 번 실행하는 것으로 끝나는 것이 아니라 지속적으로 강화·유지해야 한다. 변화를 조직 문화로 정착시키는 것이 이 단계의 핵심이다.

혁신과 변화를 성공적으로 추진하는 데 가장 중요한 요소는 리더다. 리더가 변화의 필요성을 조직에 명확히 전달하고 구성원들이 변화를 수용하고 실행하도록 동기부여를 해야 한다.

"모든 길은 로마로 통한다."라는 말처럼 경영의 모든 것은 결국 '사람'에게 집중된다. 조직이 혁신과 변화를 지속하기 위해서는 결국 리더가 핵심적인 역할을 해야 한다.

✓ Checkmate

변화를 기회로 전환하려면 혁신이 필요하고 그 혁신이 현실에 뿌리내리기 위해서는 체계적인 변화관리가 뒤따라야 한다.

변화관리를 위한 대표적인 프레임워크인 ADKAR 모델의 다섯 단계를 바탕으로 혁신과 변화를 성공적으로 이끄는 핵심은 바로 '리더'다. 조직의 방향을 제시하고 사람을 움직이며 변화를 행동으로 전환시키는 힘은 결국 리더에게서 나온다.

혁신과 변화를 설계하는 것도, 추진하는 것도, 지속시키는 것도 사람이다. 결국 경영의 모든 길은 '사람'으로 통한다.

08

지속 경영을 위한 경쟁우위, PQS에서 이겨라

경영전략을 논의할 때 핵심이 흐려지고 회의가 길어지는 여러 가지 이유가 있는데 그중 하나는 전략이라는 개념이 워낙 광범위하고 추상적이기 때문이다. 전략에 대해서는 많은 학자가 다양한 방향으로 연구를 거듭하고 있다. 특히 마이클 포터 Michael Porter의 논문 발표 이후 많은 곳에서 '경쟁전략 competitive strategy'이라는 용어를 사용하고 있다. 기업 현장에서도 마찬가지다.

어디서나 자주 인용되는 격언으로 '지피지기 백전불태 知彼知己百戰不殆'가 있다. 『손자병법』의 한 구절로 전략의 핵심이다. 전쟁에서는 적의 상황을 파악하고 아군의 능력을 알아야 적어도 패하지 않는다는 뜻이다. 경영 현장에 비유하면 고객을 알고 자신이 경영하는 기업을 이해하는 것으로 재해석할 수 있다. 고객이 아닌 경쟁업체를 '지피'로 해석하기도 하지만 경쟁업체뿐만 아니라 고객도 알아야 진정한 '지피'에 가까워진다.

요즘처럼 시장이 다이내믹하고 규제가 복잡해지는 환경에서는 이런 규제 요소들도 제대로 알아야 완성도 높은 '지피'가 된다. '지피지기'는 기업에서 '전가傳家의 보도寶刀'처럼 사용하는 SWOT 분석과 매우 비슷하다. SWOT 분석도 결국 내부와 외부를 분석해 강점(S)과 약점(W), 기회(O)와 위협(T)을 찾아보는 과정이기 때문이다.

수많은 경쟁 상품 중에서 고객이 특정 상품을 선택하는 데는 나름 기준이 있다. 이 기준을 정확하고 신속히 찾아내 그 기준에 맞는 상품을 제공하고 궁극적으로 매출을 창출하는 방안이 가장 중요한 경영전략이다. 부문별로 각자의 전문 분야에 맞는 경영전략을 수립하겠지만 속된 말로 '먹고사는' 것보다 중요한 것이 있겠는가? 경영에서 먹고사는 문제는 곧 매출을 만드는 것이다. 수

익성을 담보하는 매출을 안정적으로 창출할 수 있다면 그 기업은 경쟁력이 있는 것이다.

그렇다면 기업 경쟁력은 어디서 나오는가? 경영전략 또는 경쟁전략은 고객의 선택을 받는 방법, 즉 경쟁업체를 이기는 방법을 찾아내는 것이다. 수비적인 전략이라면 최소한 지지 않는 방법을 모색하는 것이다.

결국 핵심은 경쟁업체보다 먼저 고객의 선택을 받는 방법을 찾아내는 것이다. 여러 가지 요소가 있겠지만 현장 경험을 바탕으로 다음과 같이 세 가지 핵심 요소를 PQS price, quality, service로 도출해 보았다. 기업이 원하는 지속 가능한 경쟁우위는 결국 이 PQS 경쟁력이 지속적으로 유지될 때 만들어진다.

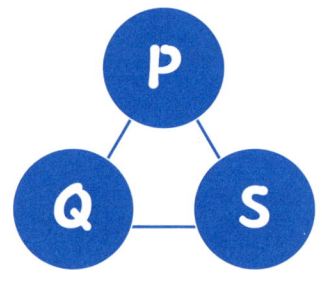

PQS 경쟁전략

소비자는 품질(Q)과 서비스(S)가 비슷하다면 더 저렴한 가격(P)의 상품을 선택할 것이다. 그리고 가격(P)과 서비스(S)가 비슷하다면 더 좋은 품질(Q)의 상품을 구매할 것이다. 마찬가지로 가격(P)과 품질(Q)이 비슷하다면 당연히 서비스(S)가 더 좋은 상품을 선택할 것이다. 특히 서비스는 단순한 부가 요소가 아니라 구매를 결정하는 핵심축 중 하나다. 사전 서비스든 사후 서비스든 마찬가지다.

경영전략은 결국 가격(P), 품질(Q), 서비스(S) 세 가지 요소를 경쟁력 있게 지속적으로 어떻게 유지하느냐를 고민하는 것이다. 물론 가용 자원이나 수익성에 대한 고려는 가격, 품질, 서비스를 검토할 때 기본적으로 포함되어야 할 필수 조건이다. 결국 지속가능한 경쟁우위를 확보하기 위해서는 생산, 운영, 서비스, 품질관리, 마케팅, 영업, 재무, 정보시스템, 인사 등 경영의 모든 기능이 함께 협력하며 유기적으로 움직여야 한다.

경영자는 PQS 경쟁력을 확보하는 것이 목표이자 실천해야 할 핵심 과제라는 사실을 조직에 끊임없이 강조해야 한다. 하지만 시간이 흐르고 조직이 커지면서 기업은 이런 단순하고 중요한 핵심을 망각한 채 습관적으로 운영되는 경우가 많다. 그리고 그런 습관적인 움직임을 그들은 경영이라고 부르고 그 속에서 전략을 찾느라 고생하는 것이다.

늘 그렇듯 핵심은 단순하다.
문제는 그것을 제대로 못 보고 지나쳐버리는 데 있다.

✓ Checkmate

경영전략의 본질은 가격(Price), 품질(Quality), 서비스(Service), 즉 PQS 세 가지 요소를 경쟁력 있게 지속적으로 유지하는 방법을 설계하는 데 있다. 경영자는 PQS 경쟁력 확보가 조직의 핵심 과제임을 구성원 모두 인식하도록 끊임없이 강조해야 한다.
핵심은 언제나 단순하다. 문제는 그 단순한 핵심을 제대로 보지 못하거나 무심코 지나쳐버리는 데 있다.
본질을 정확히 보고 기본에 충실한 전략을 실천하는 것이야말로 강한 조직을 만드는 출발점이다.

한일관을 찾는 사람들, 지속 경영 이야기

중견기업에서 임원으로 일하는 후배와 저녁 식사를 함께할 때의 이야기다. 이런저런 대화를 나누다가 후배는 지속 경영에 대한 내 의견을 구했다. 다음 주에 직원들에게 이 주제로 강연을 해야 하는데 교과서에 나오는 이론보다 현실감 있는 사례를 들려주고 싶다는 부탁이었다. 때마침 얼마 전 을지로에 있는 한일관을 다녀온 경험이 떠올랐다. 할아버지가 손자의 손을 잡고 불고기를 먹으러 오는 풍경을 보며 '이곳이야말로 지속 경영의 한 단면을 보여주는 사례가 아닐까?'라고 생각했다. 대를 이어 충성 고객을 확보한 한일관의 이야기를 후배에게 다음과 같이 들려주었다.

한일관은 일제 강점기이던 1939년에 개업해 이제 90년 역사를 바라보고 있다. 개인적으로 한일관에 대해 깊이 아는 것은 아니지만 1990년 무렵 명동에서 근무하던 시절 사무실 근처여서 자주 찾던 식당이었다. 당시 한국을 방문한 외국 손님에게 한식을 맛보여주던 추억의 장소이기도 하다.

종로와 명동에 있던 한일관은 사라졌지만 을지로를 비롯해 강남 등 서울 여러 지역으로 지점을 확장하며 여전히 성업 중이다. 80년 역사를 훌쩍 넘어 100년을 향해 가며 같은 이름으로 식당이 운영된다는 것은 우리나라에서 드문 사례. 일본에는 이런 장수 브랜드가 많다지만 우리에게는 특별하고 낯선 이야기다.

최근 방문한 을지로 한일관에서는 명동 시절과 흡사한 분위기를 느낄 수 있었다. 변화하는 시대에 발맞추어 새로운 메뉴가 추가되고 식기류도 현대적으로 변했지만 당시부터 인기 있었던, 요즘 말로 '시그니처 메뉴'는 여전히 그대로

> 유지되고 있었다. 변화와 전통이 조화를 이루는 모습이 인상적이었다.
>
> 식사하면서 평소처럼 주위를 둘러보고 메뉴판과 벽에 부착된 한일관 소개 자료도 꼼꼼히 읽어보았다. 하지만 무엇보다 인상 깊었던 것은 예나 지금이나 가족 단위 손님이 많다는 점이었다. 특히 일가족 3대가 함께 와 음식을 즐기는 모습은 명동 시절과 다름없어 세대에 걸쳐 이어지는 충성 고객의 힘을 실감하게 했다.

고객과의 관계 유지 customer relationship 관점에서 보면 한일관은 고객과의 장기적인 관계 형성에 성공한 것으로 보인다. 그 이유가 음식 맛이든 종업원의 서비스든 고객을 사로잡는 뭔가가 분명히 있을 것이다. 그래서 할아버지 세대에서 아버지, 아들, 손자 세대로 이어지는 충성고객층이 만들어지고 오랜 세월 동안 사랑받아 온 것이다.

한일관과 비슷한 사례로 대전역 근처 성심당을 떠올려 볼 수 있다. 성당에서 구호품으로 받은 밀가루를 아껴 시작한 조그만 빵집이 그 출발점이라고 한다. 그래서 상호도 성심 Sacred Heart이다. 이제 이곳은 단순한 빵집을 넘어 성심당 빵을 사려고 일부러 대전을 방문하고 기왕 간 김에 대전 구석구석을 둘러본다는 이야기를 심심찮게 들을 수 있다. 사업의 본질을 제대로 이해하고 고객과의 관계를 소중히 여긴 결과가 현재의 성심당 모습을 가능하게 했을 것이다.

한편, 이와 반대되는 이야기도 있다. 10년 전만 하더라도 서울역이나 부산역처럼 대도시 기차역 주변 식당들은 단골손님을 염두에 두지 않는 경향이 있었다. 워낙 많은 사람이 오가는 곳이다 보니 한 번 찾고 마는 손님이 대부분이었기 때문일 것이다. 그러다 보니 기차 시간에 쫓겨 급히 허기를 해결하려는 사람들 외에는 별로 선호되지 않는 장소가 되었다.

세월이 흐르면서 이런 기차역 주변 식당들은 편의점에 밀려 점점 쇠락하거나 아예 다른 업종으로 바뀌었다. 고객에게 별 관심 없이 장사한 결과는 아닐까? 오늘날 우리는 전국이 고속철도로 연결된 시대에 살고 있다. 만약 서울역이나 부산역 근처에도 한일관처럼 장기적으로 고객과의 관계를 잘 이어가며 운영한 식당이 있었다면 어땠을까? KTX를 타고 그곳을 방문하는 '식도락 여행' 명소가 되었을지도 모른다.

어떤 비즈니스 모델이 바람직한지는 누구나 쉽게 이야기할 수 있다. 그러나 중요한 것은 그것을 실천하는 능력이다. 한일관이나 성심당이 초심을 잃지 않고 앞으로도 단골손님이 꾸준히 찾는 곳으로 더 단단히 자리잡기를 바란다. 또한, 이런 사례들이 속속 등장해 우리나라에서도 수백 년 역사를 지닌 식당, 상점, 기업들이 오랫동안 이어지기를 기대해 본다.

✓ Checkmate

한일관과 성심당의 공통점은 사업의 본질을 정확히 이해하고 고객과의 신뢰를 무엇보다 소중히 여기며 고객과의 장기적인 관계 형성에 성공했다는 점이다. 지속 가능한 성공은 전략이 아니라 태도에서 비롯된다. 초심을 잃지 않고 그것을 꾸준히 실천하는 능력이야말로 진정한 차이를 만들어내는 힘이다.

10

CSR, CSV, ESG.
지속 성장을 도와주는 삼총사

석사 과정 시절이던 1984년 들어본 적 없는 새로운 과목을 수강하게 되었다. 과목 이름은 바로 '기업의 사회적 책임CSR, Corporate Social Responsibility'이었다.

이 과목을 가르칠 만한 교수가 없었던 탓인지 당시 방송통신대에 재직 중이던 교수님에게서 강의를 들었다. 그 교수님의 성함이 기억나지 않아 아쉬운 마음이 크다. 하지만 그때의 수업이 남긴 인상은 아직도 생생하다.

CSR은 IMF 외환위기를 거치면서 기업들 사이에서 조금씩 논의되기 시작했다. 이후 2000년대 들어서면서 대기업을 중심으로 CSR 보고서가 발표되었고 2010년 국제표준화기구 ISO가 CSR을 위한 국제표준으로 ISO 26000을 발표하면서 이 개념은 점점 익숙해졌다.

이후 CSV Creating Shared Value, 공유가치 창출 개념이 소개되었다. CSV는 기업이 사회적 가치를 창출하는 동시에 경제적 이익도 얻어야 한다는 개념으로 하버드대 마이클 포터 Michael Porter와 마크 크레이머 Mark Kramer가 2011년 논문에서 소개했다.

그리고 최근 기업에서 중요한 키워드로 떠오른 것이 ESG Environment, Social, Governance, 환경·사회·지배구조다. 비록 출발과 배경은 다르지만 기업과 사회를 연결해 사고한다는 점에서 ESG는 CSR, CSV와 공통점이 있다.

이 세 가지 개념은 기업이 단순히 경제적 이익을 추구하는 데 그치지 않고 사회적 가치를 창출해야 한다는 공통된 목표를 갖고 있다. 그러나 접근 방식과 초점에는 다음과 같이 분명한 차이가 있다.

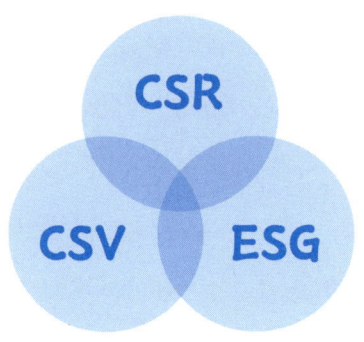

CSR (Corporate Social Responsibility, 기업의 사회적 책임)

CSR을 위한 국제표준이 ISO 26000이다. 국제표준은 강제성은 없으며 권고하는 형식이다. 기업뿐만 아니라 정부, 공공기관, 비영리단체 등 모든 조직에 적용할 것을 권유하며 윤리적이고 지속 가능한 경영을 위한 글로벌 기준을 제시한다.

ISO 26000은 책임성, 투명성, 윤리적 행동, 이해관계자 존중, 법규 준수, 국제 규범 존중, 인권 존중을 원칙으로 공표했다. 이와 함께 핵심 주제로 조직 거버넌스, 인권, 노동 관행, 환경, 공정한 운영 관행, 소비자 문제, 지역사회 참여 및 발전을 제시하고 있다.

CSV (Creating Shared Value, 공유가치 창출)

CSV는 세 가지 실천 방안을 제시한다.

첫째, 고객의 삶의 질을 높이면서 사회적 문제를 해결할 수 있는 제품과 서비스 개발을 제시한다. 네슬레는 저소득층을 위한 비타민과 미네랄이 첨가된 우유를 개발해 기존 우유보다 저렴한 가격으로 아프리카를 비롯한 개발도상국에 공급했고 유니레버는 저렴한 비누를 출시하며 판매와 함께 위생교육 캠페인도 벌여 개도국의 감염병 발병률을 감소시키고 있다.

둘째, 가치사슬 전반에 걸쳐 사회적 가치를 통합할 것을 제시한다. 기업은 원재료 구매, 생산, 유통 등 가치사슬의 전 과정에서 지역사회와 환경에 긍정적 영향을 미치는 방식으로 운영 방식을 개선할 수 있다. 공정무역Fair Trade을 통해 생산자에게 적정한 가격을 보장하고 지속 가능한 농업 방식을 도입함으로써 환경 보호와 농가 소득 증대라는 두 가지 목표를 동시에 달성할 수 있다.

셋째, 기업이 활동하는 지역사회의 역량을 강화할 것을 제시한다. 기업은 지역사회와 협력해 교육, 인프라, 보건 등의 영역에서 공공 인프라를 개선하거나 전문성을 전수함으로써 지역사회의 장기적 발전을 지원할 수 있다. 건설회사가 기술교육 프로그램을 운영하거나 IT 기업이 디지털 관련 교육을 제공하는 사례들이 여기에 해당된다. 교육을 받은 인력들은 다시 그 기업의 중요한 인재로 기업의 성장과 발전을 위해 역할을 할 수 있다.

이처럼 CSV 전략은 단순한 기부나 사회공헌(CSR)과 달리 기업의 핵심 비즈니스와 연결된 방식으로 사회적 가치를 창출한다는 점에서 의미가 깊다. '기업이 잘되면서 사회도 함께 좋아지는 구조', 즉 기업과 사회가 함께 윈-윈 win-win 하는 것, 이것이 바로 CSV의 핵심이다.

ESG (Environment, Social, Governance, 환경·사회·지배구조)
ESG는 단순한 윤리적 경영이 아니라 금융권을 포함한 투자자들이 기업을 평가하는 중요한 기준으로 자리잡고 있다.

❺ ESG에서는 환경보호를 위한 기업의 노력을 평가한다. 탄소 배출량, 친환경 에너지 사용 비율, 환경오염 방지 정책, 지속 가능한 자원 관리 등이 E를 위한 평가 요소다.

S 그리고 기업이 노동자, 고객, 협력업체, 지역사회와 어떤 관계를 맺고 있는지 평가한다. 노동 환경, 인권 보호, 성별 및 인종 다양성, 공급망 윤리성, 지역사회 공헌 등이 S에 대한 평가 요소다.

G 마지막으로 기업이 투명하고 윤리적으로 운영되는지 평가하는데 이사회의 독립성, 윤리경영 및 반부패 정책, 주주 권리 보호, CEO의 보수와 경영 투명성 등이 G의 평가 요소다.

이 세 가지 개념을 정리해 보면 과거에는 기업의 사회적 책임이 윤리적 관점에서 논의되었지만 이제는 ESG 성과가 기업의 지속가능성과 직결되며 투자 관련 의사결정에도 직접적인 영향을 미치는 핵심 요소로 작용하고 있다.

CSR, CSV, ESG는 언뜻 보면 기업에게 별 도움을 주지 않으면서 잔소리와 간섭만 하는 것처럼 보일 수도 있다. 하지만 "멀리 가려면 함께 가야 한다."라는 말처럼 기업이 존속하고 성장하도록 기반을 제공한 사회와 함께 가는 것이 결국 가장 오래가는 방법이다. 부담을 느끼거나 어렵게만 생각할 필요는 없다.

사실 CSR, CSV, ESG에서 강조하는 내용은 기업이 당연히 고민해야 할 주제들이다. 이처럼 정리된 개념들이 기업이 해야 할 일을 명확히 하고 방향을 제시해 주니 오히려 고마운 일이다.

모든 것을 한꺼번에 할 필요는 없다. 기업의 실정과 여력을 고려해가면서 차근차근 실행해 나간다면 언젠가는 그것이 기업에게 필요한 '몸에 좋은 보약'이었음을 실감하는 날이 올 것이다.

✓ Checkmate

CSR은 기업이 사회적 책임을 다하는 윤리적 관점에 초점을 맞추고 CSV는 사회적 가치를 실현하는 동시에 경제적 이익도 추구하는 적극적인 접근 방식이다. 한편, ESG는 기업의 지속가능성을 평가하는 비재무적 기준으로 중요한 평가 요소로 자리잡았다.
결국 기업이 오래 살아남는 길은 사회와 함께 가는 것이며 이는 전략적 선택인 동시에 경영의 본질이다. 모든 것을 한꺼번에 하기보다 기업의 여건과 실정에 맞게 단계적으로 실행하는 것이 바람직하다.

11

인사가 만사다?
인사는 만사다

기업에서 사람의 중요성을 강조할 때 "인사가 만사다"라는 표현을 흔히 사용한다. 여기서 만사萬事는 '일의 전부'를 뜻한다. 즉, 적절한 인재를 적재적소에 배치하면 모든 일이 순조롭게 진행된다는 뜻이다. 삼성그룹 선대 회장께서 이 표현을 자주 썼다고 알려져 있으며 그 영향으로 많은 기업의 경영진이 이를 인용하고 있다.

조선은 유교를 통치 기반으로 삼았고 성군의 첫 번째 역량으로 인재를 적절히 기용하는 능력을 꼽았다. 어진 사람을 등용하면 나라가 흥하고 그러지 못하면 망한다는 인식이 강했다. 이런 관점은 현대에 와서도 별로 바뀌지 않았지만 급변하는 경영환경과 상상을 초월하는 신기술의 등장으로 인재를 선별해 채용하고 훈련하고 적합한 직무에 배치하는 것은 점점 더 어려운 과제가 되고 있다.

이런 변화를 반영하듯 과거 '인력'이라고 불리던 개념은 '인적자원'으로 발전했으며 이는 기업이 필요로 하는 다양한 자원 중 가장 중요한 요소로 인식되고 있다.

인사 또는 인력관리를 논할 때 맨 먼저 떠오르는 개념은 바로 '적재적소適材適所'다. 이는 "사람에게는 각자에게 맞는 자리가 있다."라는 뜻으로 인재 관리, 직무 적합성 분석, 역량 기반 인사 등 현대적 용어들과 맥을 같이 한다.

인류 역사에서 가장 위대한 성인으로 추앙받는 예수, 부처, 마호메트, 공자 모두 인사와 관련해 실패한 이야기가 전해져 내려온다. 위대한 성인들조차 인사에서 어려움을 겪었으니 우리 같은 평범한 사람들에게 인사가 얼마나 어려운 일인지 짐작할 수 있다.

예수님의 인사 실패 사례는 유다 이스카리옷Judas Iscariot이다. 그는 예수님을 은화 30냥에 팔아넘긴 배신자로 성경에 기록되어 있다. 물론 이는 신의 섭리 속에 예정된 일로 해석되지만 인간적인 관점에서 보면 예수님께서 열두 제자를 선택할 때 유다를 제대로 평가하지 못했다고도 볼 수 있다.

또 다른 사례는 예수님의 첫 번째 제자 베드로Peter다. 예수님이 체포된 후 베드로는 예수님이 예견한 대로 예수님을 모른다고 세 번이나 부인했다. 그러나 이후 그는 교회의 초석이 되었고 기독교 확산에 중요한 역할을 하면서 결과적으로 성공적인 인재로 평가받게 되었다.

부처님도 인사에서 어려움을 겪은 이야기가 전해져 내려온다. 사촌 형제이자 부처님의 제자였던 데바닷타Devadatta는 새로운 승단을 만들어 부처님과 대립하려고 했고 심지어 부처님을 살해하려는 시도까지 했다고 한다. 하지만 그 계획은 실패로 돌아갔고 이후 그가 참회했다는 설과 죽어 지옥에 떨어졌다는 설이 함께 전해진다.

마호메트를 배신한 대표적인 인물로 압둘라 이븐 우바이 Abdullah ibn Ubayy가 있다. 그는 영향력 있는 지도자 중 한 명이었지만 훗날 마호메트를 배신하고 전투 도중 내분을 일으킨 인물로 기록되고 있다.

공자의 제자 중 한 명인 재여는 학문적으로는 뛰어났지만 행동과 인품에서 부족함이 드러났다. 『논어(論語)』 「양화(陽貨)」 편에서 공자는 재여가 낮잠 자는 모습을 보고 크게 실망하며 이렇게 말했다.

朽木不可雕也　糞土之牆不可朽也
후목불가조야　분토지장불가오야

썩은 나무는 조각할 수 없고
썩은 흙으로는 담을 쌓을 수 없다.

즉, 공자는 본성이 올바르지 못한 사람을 가르치는 것이 무의미하다고 탄식한 것이다. 공자가 제자로 받아들였지만 결국 인재로 성장하지 못한 대표적인 사례라고 할 수 있다. 여기에 나오는 '후목불가조야'는 필자가 인사에 대해 이야기할 때 후배들에게 자주 들려주던 말이다. 썩은 나무는 조각할 수 없듯이 근본적인 문제가 있는 사람은 교육으로 변화시키기 어렵다는 뜻이다. 그리고 기업은 문제가 있는 사람을 교육해 변화시키는 곳이 아니다. 기업은 적합한 인재를 찾아 적절한 교육을 제공하고 그 인재를 효과적으로 활용하는 곳이다.

위 사례들을 살펴보면 배신과 내분은 종교 조직뿐만 아니라 기업 조직에서도 흔히 발생하는 문제다. 조직을 이끄는 리더의 역할은 사람을 신중히 판단하고 적재적소에 배치해 최선의 역량을 발휘하도록 하는 것이다.

하지만 결코 쉬운 일이 아니다. 삼성그룹 이병철 회장은 인재를 찾을 때 지력보다 인성을 우선시한 것으로 전해진다. "쓰레기가 들어가면 쓰레기가 나온다 Garbage in, Garbage out"라는 말처럼 사람이 들어오는 채용단계에서 잘못된 선택을 하면 이후 과정도 실패할 가능성이 크다. 이는 후목朽木, 썩은 나무과 분토糞土, 썩은 흙와도 일맥상통한다.

하지만 아무리 면밀히 검토해도 이력서와 면접만으로 사람을 완벽히 파악하기는 거의 불가능하다. 최근 소개되는 과학적 기법들도 단지 참고사항일 뿐 정답은 아니다.

필자가 인사라는 단어와 함께한 시간이 30년을 넘었다. 수많은 사람을 만나고 면접을 보고 채용하고 함께 일하면서 필자만의 몇 가지 원칙을 다음과 같이 다듬어 보았다.

1. 정직한 사람은 대형 사고를 치지 않는다.

정직한 사람은 실수는 하더라도 개인의 이익을 위해 사고를 치지는 않는다. 이력서에 거짓이 있는 사람, 면접에서 말과 서류의 내용이 다른 사람은 채용에서 철저히 배제한다.

2. 사람을 평가할 때는 요행을 바라지 말라.

'찜찜한 느낌'이 든다면 더 신중해야 한다. 이력서를 검토하고 면접을 진행하는 과정에서 정확히 설명하기는 어렵지만 왠지 꺼림칙한 느낌이 들 때가 있다. 이런 경우, 추가 검증이 반드시 요구된다. 그래도 불편함이 해소되지 않는다면 채용을 포기하는 것이 바람직하다.

3. 무리한 채용은 언젠가는 문제로 돌아온다.

이런저런 사정으로 무리하게 채용한 경우, 시간이 흐른 후 대부분 문제가 생겼다. 인재 추천인지 청탁인지 구분하기 힘든 채용, 상식을 깨는 파격적인 대우, 시간에 쫓겨 채용 프로세스의 일부를 건너뛴 경우는 필자에게도 아픈 사례들이다. 이런 경우, 채용하지 못해 발생하는 손해보다 채용해서 발생하는 손해가 훨씬 크다.

그래서 인사는 일의 전부를 뜻하는 만사萬事이기 전에 생각을 수 만 번 해야 하는 만사萬思다. 그래야 겨우 답이 나온다. 인사는 어렵지만 경험을 쌓아가면서 자신의 매뉴얼이나 나름의 원칙을 만들어 스스로 지키며 최선을 다할 뿐이다.

여러분도 자신만의 인사 원칙을 한번 정리해 보시기 바란다. 경험을 바탕으로 자신만의 기준을 세우고 계속 다듬어 간다면 여러분의 인사 역량을 높이는 데 큰 도움이 될 것이다.

✓ Checkmate

인재를 찾아내 적재적소에 배치하는 일은 경영의 핵심 과제다. 인재를 찾을 때는 지력보다 인성, 특히 정직성과 신뢰감을 우선해야 한다. 정직한 사람은 실수는 할 수 있어도 조직에 치명적인 손해를 끼치지는 않는다. 반면, 찜찜한 상태로 채용한 인재는 언젠가는 반드시 문제가 된다.

사람을 평가할 때 요행을 기대하면 안 되며 사소한 불안 요소도 가볍게 넘겨서는 안 된다. 썩은 나무는 조각할 수 없고 썩은 흙으로는 담장을 쌓을 수 없다. 애초에 적합한 인재를 신중히 선별하는 것이 최선의 전략이다. 사람이 조직의 성패를 좌우한다.

결국 인사가 곧 경영이다.

12

경영은 서비스다.
친절이 아닌 솔루션을 찾아라

 우리 삶에서 서비스는 더 이상 선택이 아닌 필수 요소가 되었다. '서비스'라는 단어를 떠올려 보라고 하면 많은 사람이 멋진 호텔, 고급 휴양시설, 여객기 일등석 등을 연상할지 모른다. 틀린 것은 아니다. 하지만 오늘날 우리 일상생활의 대부분이 서비스와 연결되어 있다고 해도 과언이 아니다.

 이제 서비스는 물이나 공기처럼 부족해야만 그 가치를 실감하는 자유재로 인식되고 있다. 그러나 현실적으로 물이나 공기조차 원하는 수준의 품질을 유지하기 위해 비용을 지불하는 경우가 많다. 우리는 편의점에서 생수를 사 마시고 공기정화기를 이용해

깨끗한 공기를 얻기 위해 비용을 지출한다. 서비스도 마찬가지다.

모든 서비스는 상품의 가격이나 비용에 포함되어 있다. 우리가 인식하지 못할 뿐 서비스는 눈에 안 보이는 형태로 이미 지출되었거나 나중에 부담해야 할 비용에 포함된다. 경영 서비스도 예외는 아니다.

"경영은 서비스다."

이 말에 고개를 갸웃하는 사람이 많을지도 모른다. 일반적으로 기업 내에는 별도의 서비스 담당 부서가 조직되어 운영되는 경우가 많다. 규모가 크지 않은 기업이라도 공식적인 서비스 부서가 없을 뿐 어느 조직이든 서비스 업무를 담당하고 있을 것이다. 그러나 기업을 둘러싼 수많은 이해관계자를 고려하면 이 관점을 좀 더 넓힐 필요가 있다.

기업은 단순히 고객에게만 서비스를 제공하는 것이 아니라 직원, 협력업체, 투자자, 지역사회 등 다양한 이해관계자에게도 서비스를 제공해야 하는 존재다. 결국 경영은 기업의 모든 이해관계자에게 서비스를 제공하고 그들과의 관계를 조율하면서 가치를 창출하는 '서비스' 과정이라고 볼 수 있다.

이런 서비스 개념을 기업 내부로 옮겨보자.

김 대리는 어젯밤 늦게까지 야근하며 신사업 기획서를 작성했다. 이 자료가 팀장과 동료들에게 전달되는 순간 김 대리의 서비스 활동이 시작되는 것이다. 이 경우, 팀장과 동료 직원들은 김 대리가 제공하는 서비스의 '사용자', 즉 '소비자'가 된다. 김 대리가 작성한 자료가 유용하게 활용되어 소비자인 팀장과 동료들이 만족한다면 김 대리는 수준 높은 서비스를 제공한 것이며 그의 성과는 서비스 소비자인 팀장과 동료들에 의해 인정받을 것이다.

호텔이나 항공기 같은 특정 업종에 국한된 것이 아니라 기업에서도 우리가 수행하는 모든 활동이 결국 서비스라는 점을 인식할 필요가 있다. 이런 개별적인 서비스 활동들이 모인 것이 경영이다. 경영은 기업의 이해관계자에 해당하는 고객, 직원, 투자자, 협력업체 등 그들의 니즈에 맞게 서비스로 제공되는 것이다. 결국 경영은 다양한 이해관계자들에게 필요한 서비스를 제공하는 과정이며 그들이 만족할 때 기업 경쟁력은 강화된다.

경영 서비스는 크게 내부 서비스internal service와 외부 서비스 external service로 구분할 수 있다.

영업과 서비스를 담당하는 직원이 주로 고객에게 외부 서비스를 제공한다. 이들이 고객에게 좋은 서비스, 즉 외부 서비스를 제공하는 데 그들의 노력만으로는 한계가 있다. 외부 서비스의 품질을 결정하는 것은 이들을 지원하는 내부 서비스 수준이다.

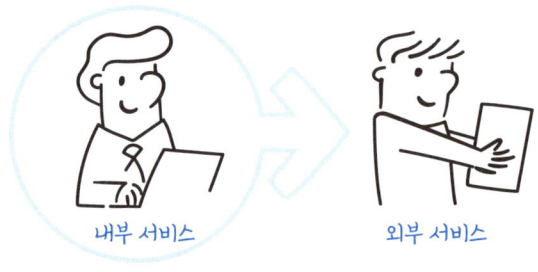

내부 서비스 수준이 외부 서비스 품질을 결정한다

예를 들어, 인사팀은 영업팀에게 인재 채용·교육을 지원하며 IT팀은 영업팀이나 서비스팀이 고객과 원활히 소통하도록 시스템을 지원한다. 그리고 물류팀은 영업팀에서 주문받은 상품이 고객에게 신속히 전달되도록 지원한다. 이처럼 지원하는 팀 입장에서 보면 영업팀과 서비스팀이 그들의 주요 고객이 되는 것이다.

내부 서비스가 원활히 제공될 때 영업팀과 서비스팀이 고객에게 더 나은 서비스를 제공할 수 있다. 내부 서비스 수준이 높을수록 고객을 직접 대하는 현장 직원은 업무를 더 원활히 수행할 수 있고 이는 결국 고객 만족으로 이어진다.

서비스는 필요한 사람에게 솔루션을 제공하는 것이다. 즉, 문제를 해결해 주는 것이 서비스 활동이다. 서비스를 말할 때 아직도 친절이나 미소부터 떠올리는 경우가 많다. 물론 친절과 미소가 필요 없다는 말은 아니다. 하지만 서비스의 본질은 친절이 아닌 솔루션에 있다.

한 번 더 강조한다. 서비스는 친절이 아닌 솔루션이다.

문제를 해결해 주는 것이 서비스의 시작이자 끝이다. 물론 솔루션에 미소와 친절이 더해지면 더 큰 시너지를 낼 수 있다. 하지만 솔루션이 없는 미소와 친절은 상황을 오히려 어렵게 만들 수 있다. 동료든 고객이든 그들이 직면한 문제의 솔루션을 제공하는 것. 그것도 최대한 빨리 정확히 친절히 제공하는 것이 진짜 서비스다.

여러분은 동료 구성원과 고객에게 진짜 서비스를 제공하고 있는가? 한 번 심각하게 돌아보길 바란다.

 **Checkmate**

경영은 다양한 이해관계자에게 필요한 서비스를 제공하고 그들의 만족을 통해 부가가치를 창출하는 과정이다.
경영 서비스는 내부 서비스와 외부 서비스로 나뉘며 외부 고객에게 제공되는 서비스의 품질은 결국 조직 내부의 서비스 수준에 달려있다.
서비스란 단순한 친절이 아니라 문제를 신속하고 정확히 해결하는 솔루션을 제공하는 것이다. 여러분은 지금 동료와 고객에게 진짜 서비스를 제공하고 있는가?
이제 서비스의 본질을 다시 돌아볼 때다.

사람의, 사람에 의한, 사람을 위한 경영

 기업 경영의 궁극적 목표는 무엇인가? 경영학의 기본 전제인 계속기업going concern의 원칙은 기업이 미래에도 지속적으로 운영될 것을 가정한다. 이를 실현하려면 기업은 적정한 이익을 창출하고 존속에 영향을 미칠 수 있는 위험을 효과적으로 관리하며 이해관계자들과 좋은 관계를 유지해야 한다.

 기업이 지속적으로 성장하려면 사람 중심의 경영이 필요하다. 사람이 기업을 운영하고 기업의 이해관계자도 사람이거나 사람으로 구성된 조직이다. 휴머니즘을 신봉하기 때문이 아니라 기업의 지속 가능성을 위해 '사람 중심의 경영'이 필수적이다. 기업의 성과는 사람과 어떻게 관계하고 어떻게 협력하고 사람을 어떻게 성장시키느냐에 의해 결정된다. 경영의 주체는 사람이며 경영과정도 사람을 통해 이루어진다. 그리고 경영의 최종 목적도 사람을 위한 것이어야 한다.

　기업에서 가장 중요한 자원은 사람이다. 어느 순간부터 휴먼리소스human resource라는 단어가 자연스럽게 사용되기 시작했다. 차별화된 서비스, 강력한 브랜드 등 모든 기업활동은 사람의 아이디어와 노력에서 비롯된다. 성공한 기업들은 사람의 중요성을 강조하고 있다.

　구글은 최고 인재를 영입하고 자율성과 창의성을 보장하는 조직 문화를 구축했고 애플은 천재적인 디자이너와 개발자들의 협력을 통해 혁신적인 제품을 탄생시켰다. 그리고 스타벅스는 매장 직원을 단순한 커피숍 노동자가 아닌 '파트너'로 대우하며 사람 중심 문화를 조성했다. 일본 교세라 창립자 이나모리 가즈오도 조직 구성원 개개인이 경영자 의식을 갖게 하는 전략을 도입했다. 그는 기업이 성공하려면 조직 구성원 스스로 동기부여를 받고 책임감을 갖게 할 것을 강조했다. 멀리 갈 것도 없이 국내에서도 삼성은 '인재 제일', LG는 '인화'를 최상위 경영 철학으로 내세우고 사람을 기업의 핵심 가치로 인식하고 있다.

이는 사람 중심 경영의 대표적인 사례다. 결국 기업의 성패는 어떤 사람과 함께하고 어떤 가치를 공유하고 어떤 문화를 만들어 가느냐에 의해 결정된다. 기업은 구성원의 역량과 팀워크에 의해 성장한다. 그리고 단위 조직이 강해지려면 구성원 개개인이 강해야 한다. 강한 조직은 강한 개인과 강한 팀워크로 만들어진다.

이런 이유로 잭 웰치 Jack Welch는 "강한 기업은 강한 인재를 키운다."라는 철학으로 지속적인 교육과 리더십 개발에 투자했다. 삼성그룹도 인재 개발에 엄청난 투자를 하는 것으로 알려져 있고 지속적으로 학습 문화를 조성해 왔다.

리더는 함께 일하는 사람을 통해 성과를 만든다. 그래서 "당신은 당신과 함께하는 사람들만큼 현명하다."라는 격언이 있다. 이는 경영자가 반드시 새겨들어야 할 교훈이다. 자기 힘으로 모든 것을 이루었다고 자랑하는 사업가를 가끔 만나게 된다. 리더십의 본질을 이해하지 못한 태도다. 진정한 리더는 조직을 독단적으로 운영하는 사람이 아니라 팔로워들이 역량을 최대한 발휘하도록 끌어내고 지원하는 사람이다. 따라서 리더는 팔로워들에게 힘을 실어주고 그들의 성장을 지원하고 최상의 성과를 내도록 도와주어야 한다.

도요타식 생산시스템으로 유명한 TQM Total Quality Management 은 리더가 팔로워의 역량을 최대한 끌어내고 지원한 모범 사례다. 도요타는 모든 구성원이 스스로 문제를 해결하고 개선안을 제시하는 문화를 구축했다. 이는 단순한 생산시스템이 아니라 현장 직원들 스스로 문제를 해결하고 개선안을 제시하는 문화다. 단순한 효율성 향상이 아니라 사람을 중심에 둔 경영 철학의 결과물이었다.

기업 밖의 사람에게 시선을 돌려보자.

아마존의 제프 베이조스 Jeff Bezos는 "우리는 경쟁자가 아닌 고객만 바라본다."라고 말했다. 경쟁자보다 더 두려워해야 할 대상은 바로 고객이라는 사실을 직시한 말이다. 이처럼 성공한 기업들은 제품이나 기술보다 '사람의 필요와 경험'을 중심으로 비즈니스를 설계한다.

고객이 없으면 기업은 존재할 수 없다. 그러므로 기업의 최종 목표는 더 나은 '사람의 삶'을 만드는 것이다. 즉, 그들에게 필요한 '해결책'을 찾아 상품과 서비스로 제공하는 것이다.

기업은 사람으로부터 시작되고 사람의 역량과 협력을 통해 운영되고 사람의 삶을 더 낫게 만드는 조직이다. 그래서 '사람의, 사람에 의한, 사람을 위한 경영'이 요구된다.

성공하는 기업들은 모두 '사람'을 중심에 두고 있다.

✓ Checkmate

기업이 지속적으로 성장하려면 사람 중심의 경영이 필수적이다.

기업은 사람이 운영하며 이해관계자도 사람이거나 사람으로 구성된 조직이다. 결국 기업의 성패는 어떤 사람과 함께하고 어떤 가치를 공유하며 어떤 문화를 만들어 가느냐에 달려있다.

따라서 지금 필요한 것은 '사람의, 사람에 의한, 사람을 위한 경영'이다.

성공하는 기업은 언제나 사람을 중심에 둔다.

에필로그

이제 당신의 부트캠프가 시작된다.

이 책의 집필을 마무리하면서 다시 한번 확신하게 됩니다. 조직 생활은 단순히 생계를 위한 시간이 아니라 배우고 단련하며 성장하는 '인생의 부트캠프'입니다. 여러분은 커리어 여정 속에서 성장의 단계마다 새로운 환경과 또 다른 부트캠프를 만나게 될 것입니다.

저는 이 책을 통해 후배들에게 실무의 기본기, 현장에서 필요한 리더십, 그리고 경영의 본질에 대해 이야기하고 싶었습니다. 화려한 이론이나 멋진 수사는 의도적으로 피했습니다. 그 대신 기업 현장에서 직접 부딪히며 체득한 경험과 그 속에서 얻은 교훈을 가능한 한 진솔하게 전달하려고 노력했습니다.

책을 쓰는 시간은 마치 과거로의 시간여행과 같았습니다. 오래된 기록을 다시 들여다보며 지난 날의 실수와 고민을 떠올렸고 때로는 후배들의 얼굴을 그려보며 "이 이야기가 도움이 될까?"라고 자문해보았습니다. 이 책에 담긴 이야기들이 누군가에게 꼭 필요한 '뭔가'가 되기를 간절히 바라는 마음을 담았습니다. 그 '뭔가'가 정확히 무엇일지는 저도 알 수 없습니다. 하지만 여러분이 커리어 여정에서 중요한 순간을 맞이할 때 그 곁에 이 책이 함께하길 바라는 마음은 분명합니다.

이제 책을 덮는 여러분에게 하나의 제안을 드립니다.
지금부터 여러분만의 '부트캠프'를 직접 설계해보시기 바랍니다. 이 책의 어느 한 구절이든 아니면 평소 마음에 품어온 고민이든 모두 가능합니다. 마음에 남는 생각 하나, 실천해 보고 싶은 방향 하나를 정해 매일 조금씩 떠올리고 행동으로 옮겨 보시기 바랍니다.

생각이 쌓이면 지혜가 되고
지혜가 실천으로 이어질 때 그것은 곧 '역량'이 됩니다.

커리어 여정의 어느 순간, 외롭고 막막하게 느껴질 수도 있습니다. 하지만 잊지 마십시오. 여러분은 결코 혼자가 아닙니다. 앞서 그 길을 걸어간 선배들의 경험이 든든한 동반자가 되어줄 것입니다. 그리고 언젠가 여러분도 누군가에게 자신의 이야기를 들려줄 선배가 될 것입니다. 지금 이 순간에도 많은 후배들이 여러분의 지혜와 조언을 기다리고 있을지 모릅니다.

앞으로 여러분이 더 유능한 실무자, 더 신뢰받는 리더, 더 단단한 경영자로 성장하기를 진심으로 응원합니다. 다른 장소에서 다른 방식으로 여러분과 다시 만날 날을 기대합니다.

이상기

비즈니스 부트캠프
MBA에서 가르쳐주지 않는 비즈니스 인사이트

초판 1쇄 2025년 5월 20일

지은이 이상기
펴낸이 홍순제
펴낸곳 주식회사 성신미디어

주소 경기도 파주시 조리읍 전지미말길 101-10
전화 02-2671-6796 **팩스** 031-943-6795
등록 2016-00025호 **ISBN** 979-11-90917-99-5 (03320)

기획 및 총괄 홍현표
교정 및 교열 박진영   **본문 디자인** 올리브웍스   **표지 및 일러스트 디자인** 윤정아

출판 사업부 대표 메일 book@sungshinmedia.com
출판사 홈페이지 www.libretto.co.kr | **성신미디어 홈페이지** www.sungshinmedia.com
유튜브 채널 배워보소서 @learningshares

∗ 리브레토(Libretto)는 (주)성신미디어의 출판 브랜드입니다.
∗ 잘못 만들어진 책은 구입하신 곳에서 교환해 드립니다.
∗ 이 책에 대한 의견이나 오탈자 및 잘못된 내용의 수정 요청은 이메일로 알려주십시오.

ⓒ이상기, 2025
Published and Printed by SUNGSHINMEDIA Inc., Republic of Korea
저작권법에 의해 보호를 받는 저작물이므로 무단 전재와 복사를 금합니다.

리브레토(Libretto)는
삶의 무대에서 경험을 공유하는 분들의
이야기와 지식을 책으로 담아내는
㈜성신미디어의 출판 브랜드입니다.
여러분의 다양한 이야기를 들려주세요.

원고 투고 및 기타 문의
book@sungshinmedia.com